我要實現願望！

怦然心動的28日吸引力課程

都築真紀子——著
蔡麗蓉——譯

未來的日子，將依照你的計畫一步步前進。
凡事在你認眞下決定後，就會一一實現。
也許你不敢相信，但這就是人生法則。

前言

「只是想要生活得更快樂而已，沒想到實在好難。」
「最想實現的願望，終究還是無法實現。」
雖然心裡這麼想，卻還是無法說放棄就放棄。

「說不定會出現哪些變化。」
「這次一定可以……。」
你是不是懷抱著那樣的小小期待，才會買下這本書呢？

當你想要改變的當下，正是改變的大好良機！

我會想在一開始告訴你這句話，就是因為**「這次肯定沒問題！」**、**「這次是最後一次，學習讓自己變幸福的機會！」**

即便你仍半信半疑，仍期盼你心裡會一丁點，願意相信本書所言。

在這世上有一種人，他的願望總是出乎意料地不斷實現，吸引美好的幸運從天而降。

「我也好想變成那種人」，也許你會心生羨慕，但那並不是與生俱來，而是**後天養成**的。

就算你一直以來都在感嘆時不我與，再也受不了願望無法實現的日子，但是從現在開始，你將可以吸引無數的幸福來到身邊。

想成為幸運兒，最重要的不是努力「吸引好事上身！」，也並非反省過去改過自新。

關鍵在於下述三點。

- **允許自己「想要多幸福都行！」**
- **減少會妨礙你吸引幸運降臨的行為及思考**
- **珍惜自己與自己的真實想法坦率生活**

在本書中，將為大家介紹二十八個課程，引導大家養成幸運兒體質。會想推薦這些課程給大家，是因為有些人在學會這些課程後親身驗證，而這些經驗談都會在當天的課程內容中介紹給大家。

只要試著從第一天的課程依序進行，歷經二十八天就能全部完成。

在這途中你將會發現有趣的變化，有時甚至會提早實現願望。

若有哪些課程你自己覺得很喜歡，也可以在隔天之後繼續進行，請大家務必要「養成習慣」。反之，如果這個課程你不是很喜歡，只做一次就結束也沒關係。

沒有繁文末節的規定。總之先試試看再說！

其實本書介紹給大家的課程，都是過去我自己在深深落入煩惱深淵時，心想「這樣做不知會如何？」、「或許也可以試著這樣做做看？」、「這樣做說不定運勢會不同？」逐一實驗過後才有的結果。

從這當中，我再嚴選出做起來特別簡單輕鬆，各位讀者又能感覺到效果的課程。相信大家一定會喜歡。

幸運兒體質一輩子都不會改變，所以從今往後你也會一直很幸福。

讓我們一起來，快樂地度過這二十八天吧！

都築真紀子

WEEK 3

行為改變，未來就會進一步改變

WEEK 4

✦ 實現願望，擁有幸福！

WEEK 1

你想如何度過你的人生？

DAY 01

充滿希望的美好未來全由你作主

這件事發生在距今兩年前的秋天。我和一位認識很久的朋友見了面。那陣子她一直在煩惱，是不是該離開已經努力超過二十年的工作崗位，因為她遇到了一份很合適的工作。那次所有的話題，就是在談論是否該轉職。

「要是繼續做現在這份工作，在生活上肯定不用擔心金錢方面的問題。相對會過著平凡無奇的每一天，不過同時也會累積相當的資歷，而且又沒有惹人厭的上司，所以在人際關係上想必不會有太大問題。照理說，應該繼續工作下去……。」

心裡雖然這麼想，另一方面她也跟我聊到，**「不知道就這樣過下去好不好」**，內心感到茫然不安又很空虛。

雖然她並不是非常困擾，不過心裡的小疙瘩總叫人耿耿於懷，這種情形我自己也有過好幾次的經驗，所以很能體會她的心情。

想試著改變，卻提不起勇氣改變……。

這種時候，人都會很擅長尋找「不會一帆風順的理由」。

- 這把年紀了所以有困難
- 開始一件新事物沒那麼容易
- 這種直覺也許是暫時的
- 肯定會被周遭的人反對

像這樣找出「不會一帆風順的理由」，接著說服自己「果然還是不要改變比較好」，最後完全放棄的人，應該不在少數吧？

但是，一直懷抱著茫然的不安及空虛感，度過接下來的人生，這樣是好是壞同樣令人心存質疑。

因此，我和她一起試著玩了這樣的遊戲。

我們在咖啡廳的陽台座位上打開筆記本，打算找出**「能讓自己更快樂的事情」**，而非「不會一帆風順的理由」。這是在遊戲，所以不需要任何規則，也不必有何顧慮。

我們在頁面一開頭的地方，寫上了**「如果能這樣最棒！」**的標題之後，她自己再試著將想得到的「最棒的事情」寫下來。

起初只能零星想出一些，但是寫完三件左右最棒的事情之後，接下來便陸續想出了許多「最棒的事情」。

DAY 01

●如果能遇到心動的工作最棒了！
●如果每天早上醒來都覺得生活充滿期待最棒了！
●如果得到的金錢與快樂成正比，還能不斷增加最棒了！
●如果不用擠上人滿為患的捷運，能用散步的心情活力充沛地去上班最棒了。
●如果休假日能遍訪最愛的咖啡廳，品嚐美味的咖啡最棒了！

就像這樣，冒出了許許多多「最棒的事情」。

所以接下來，就在當下同一時間下定決心，要在未來的人生中，將這些「最棒的事情」吸引過來，加以實現！明明在數十分鐘之前，心裡還因為做不到的理由、放棄比較好的藉口糾葛之下而悶悶不樂⋯⋯。

在這個世界上，存在許多「決定好便能一一實現的事情」。

當你覺得「我的人生就是這樣⋯⋯」的時候，真的就會變成這樣，當你決定「從今以後要做自己想做的事，讓這輩子沒有一丁點的後悔！」你就能如願過上想做什麼就做什麼的人生。

當時一直在煩惱要不要轉職的朋友，如今已經搬到最愛的土地上居住，從事她最喜歡的動物相關工作。**因為當時她下定決心的事情，已經全部實現了。**

下定決心做自己覺得「最棒的事情」！

你的決定絕對不會背叛你。

今日的課程

◆想想自己的口頭禪！◆

【準備用品】

- 一本筆記本（可以買新的筆記本，也可以使用家裡現有的筆記本，任何筆記本皆無妨）
- 順手好寫的筆

❶ 打開筆記本的空白頁，寫下「如果能這樣最棒！」作為標題

❷ 將腦海浮現的事物一一寫下來

請大家不必勉強自己彙整出條理分明的文章，條列式寫出來即可。
只有你自己的真心話，還有自己覺得「最棒的事情」，才能寫在這本筆記裡。

也許無法實現……說不定根本辦不到……像這樣悲觀的想法有用嗎？
就算你會出現那樣的想法，現在暫且擱在一旁吧！
寫不出來的時候，也可以把會讓你心動的照片或剪報貼在筆記本上。

今日的
貼心小語

✦

傾聽自己的眞實心聲，
並計畫最棒的未來。
康莊大道將從此爲你展開。
今天，你就能做到這件事☆

DAY 02

試著運用你的吸引力

「吸引力法則」

我早在二十年以前，就已經聽說過吸引力法則，感覺像是得知了天大的秘密……有如偷聽到不為人知的事情一樣……可是，卻叫人喜不自禁，興奮得不得了。

一方面真心期待，人生也許會因為吸引力法則而改變，一方面卻還是會質疑它的可信度。雖然這兩方面的情緒同時存在，但是**就算一開始是抱持著懷疑的態度，畢竟法則終歸是法則，的確會造成影響**。這與數學公式給人的感覺一樣，即便不明白箇中道理，肯定還是會依照這般邏輯演變。縱使無法打從心底認同，卻還是會得到答案。

DAY 02

說不定，你也是半信半疑著對吧？

如果突然跟你說，「你也能發揮吸引力法則喔！而且你肯定懂得如何好好發揮！」你還是摸不著頭緒吧。但是，難得你如此感興趣，希望你一定要樂在其中，善用吸引力法則來大展身手。總之先試試看再說，或許事後再來思考這些問題也無妨。

因此在今天，要來做一個蠻有趣的吸引力實驗。雖說是實驗，其實根本和遊戲沒兩樣。既然是遊戲，就請大家放心來玩。

做法很簡單，只需要三個步驟！

❶ 事先決定好，在這一週內你要吸引哪三件事物。

❷ 決定好了之後，以條列式記在手機的筆記本或是日誌手帳上。

❸ 接下來，只需要發揮你的吸引力♪

首先建議大家在步驟❶中決定的這三件事物，最好是類似「成功吸引後會熱血沸騰，失敗了也不會叫人為難的事物」。

你可以決定「要和命中注定的那個人相遇」，這樣或許會很有趣，不過一開始態度愈認真的人通常愈執著，而且也容易衍生出恐懼及不安的感覺，難免會感嘆「今天也沒有吸引到命中注定的那個人」，一再質疑「明天真的就會出現嗎？」心情容易變得很沈重。

所以這次要將步驟❶決定的三件事物，設定為「不痛不癢……」這類不計得失的事物。

大家不妨參考下述範例，來決定步驟❶的三件事物。

「初戀對象的姓或名。」
「想去的地方相關資訊。」
「藝人、明星。」

DAY 02

「你喜歡的圖案（心型、音符或是幸運草等等）。」

「很久不見的熟人、朋友和自己聯絡。」

「成雙成對（一對）的鳥。」

「一路綠燈通行無阻。」

諸如此類……只要會讓人聯想到快樂的感覺，任何事物皆無妨。

決定好三件事物之後，再進入步驟❷記錄下來。

這份筆記只要「寫完就結束了」，不需要每天一看再看。

接下來，這項實驗的答案……將於一週後再來核對。

在那之前，請大家繼續研讀本書，進行每一天的課程。其他不需要特別去做些什麼。

在這段期間，相信你一定會「讚聲連連」，將決定好的事物吸引到身邊來。

今日的課程

◆進行三步驟的實驗！◆

現在來挑戰一個發揮你吸引力的實驗，並試著掌握住這樣的感覺。承前所述，建議大家要用「成功吸引後會熱血沸騰，失敗了也不會叫人為難的事物」來實驗看看。決定好要吸引哪三件事物之後，再記在日誌手帳或是手機的筆記本裡。

在一週的時間內，你將親眼目擊成功吸引這三件事物的瞬間。

【你決定要吸引哪三件事物？】

❶

❷

❸

今日的貼心小語

✦

運用吸引力是件快樂的事，
不需要很努力。
放鬆心情，總之要樂在其中才行。

DAY 03

每天都要提醒自己「說過的話一定會成真」

日本自古以來，一直深信有所謂「言靈」的力量。

「脫口而出的話將會成真」，這句話千真萬確，事實上也有科學證實，例如「貼標籤效應」、「畢馬龍效應」等名詞就能說明一切。不過本書無意觸及艱深的文字解說，只要讓大家明白，**「說過的話會成真」**這件事就行了。

試著說出「很開心」這句話，從這個瞬間開始，一定會有切合「很開心」這句話的事聚集到身邊。所以也就是說，每次說出「好煩」這句話，果不其然就會有「好煩」的事接踵而來。

DAY 03

之前我在某場講座提到這件事時，有一位聽眾（Y先生）向我提出了質問。

「照妳的意思，最好要多說好話，遣辭用句保持光明樂觀對嗎？積極運用正向語言，運氣就會逐漸好轉嗎？」

面對這個問題，我的回答如下。

「沒錯。讓正向語言融入日常生活當中，心情也會逐漸開朗起來，事實上還很容易發生幸運的事。只不過，並不需要因為這樣，就硬要在情緒低迷時，勉強說出『很開心、很開心！』這種話。這樣自己一定知道明顯是在說謊，所以會讓人變得更加空虛。

如果要板著臉高喊一百次『謝謝！』，我倒覺得吃顆巧克力，然後打從心裡說句『真好吃！』這樣反而會讓人感到幸福。**說不出正向言論的時候，無須勉強自己說出口，當個沈默的人也不錯喔。**最重要的是，多說不如不說。」

「多說不如不說？這句話讓我嚇了一跳。我的家人總是跟我說，我太多嘴了。但我根本沒那個意思，難不成，我老是說些不該說的話……。」

Y先生的這番話，讓全場哄堂大笑。

「多嘴的一句話，意思就是刻意將不希望如此演變的事情給說出來了。舉例來說，這句話我似乎也常在講，就是要開始做某件事的時候，會故意在一開始多加這句，『我**認為事情沒那麼簡單**，不過我會去試試看』，懷抱著『**從清水寺的舞台跳下去的覺悟**』，刻意把事情想得很嚴重，這種事大家都做過吧？

明明簡單一句話『我會去試試看！』就行了，卻總是習慣將存在於自己內心的不安，化為語言附加上去。

像是『**雖然可能會失敗**』，或是『**等您有時間再做**』這類的話，有時候也許是顧慮到對方，自己才會脫口而出。」

「沒錯，我也是這樣！會先一步想到失敗後的慘況，明明心裡不希望變成那樣，有時卻會說出可能會變成那樣的話。

「坦白說，比起說正向語言，負面語言譬如不希望事情那樣演變卻刻意說出來，或是不可能、辦不到，還有反正我就是不行……少說這類多餘的話才更是重要。因為，說出口的話就會成真！」

後來Y先生開始貫徹「多說不如不說」，要是不小心說出口了，就會命令自己進行消除作業，用大腦橡皮擦**「將剛才說的話擦掉」**。

結果，聽說當時讓Y先生一直感到不滿的事情，還有耿耿於懷的事情，竟然神奇地逐一解決了。

每一個人都能馬上做到這一點，所以請大家一定要來試試看。

效果十分顯著喔！

今日的課程

◆想想自己的口頭禪！◆

「要是〇〇的話該怎麼辦」，大家會不會像這樣，把還沒有發生的不安思緒化為語言，或是擅作結論，認定「大概是失敗」了呢？

每次觀察自己的言行，一定會發現自己總會不經意地脫口而出多餘的一句話。

從你嘴巴說出來的話都是有生命的。

當你發現「啊，那句話好像不需要說」的時候，每次都要告訴自己「取消剛才的那句話！」從腦海中將那句話消除就行了。這種消除的做法非常有效，所以請大家一定要記住並好好運用。

假如脫口而出的話會化為對白框，還會加上顏色……比起一片黑，還是像花朵般美麗的色彩會比較好吧！

既然說出口的話總是多嘴，不如選擇沈默才更有幫助！

今日的
貼心小語

語言是你的幫手。
從今以後的每一天，
將成爲你最得力的武器。
好好運用每一句話吧！

DAY 04

細數過去你已經實現的事情

今天，要來回顧你的過去。

到目前為止，在你的人生當中，肯定發生過許許多多的事。有好事、有不好事、有開心的事、有難過的事……。每一個當下，一定都會撼動你的內心，同時化為「經驗」的勳章，一路克服過來。

吸引力法則，就是「將你關注的事物吸引到身邊來的法則」。

只不過，這裡有一個陷阱，大家知道是什麼嗎？

DAY 04

過去我幾次掉落這個陷阱時，總會憤怒、受挫。

有時也會感到束手無策，認為「吸引力法則根本不能信任」！

其實在「你關注的事物」當中，可不只有正向的事物。

吸引力法則的優點，也是它最大的缺點，在你心中充滿想像、特別關注的事情，在化為語言表達出來之後，不管任何事情都會順勢吸引過來。這就是陷阱所在。

也許你會想起過去的經驗，懷疑「自己是否真的可以實現願望」，擔心「可能很難只吸引到期盼的事情」，因而感到些許不安。

「你真的可以實現願望。」

「你也可以吸引到由衷期盼的事情。」

我敢如此信心十足地告訴大家。

因為你早就已經具備吸引力。而且至今，你也一直在發揮你的吸引力。

說不定就是因為你一直在發揮你的吸引力（而且十分擅長運用吸引力才得以如此），才會造就眼前的一切與現在的自己。今天就從頗為不同的觀點，檢視這一切。

當願望還沒有實現，可是你覺得「這個願望一定很難實現」的時候，就會吸引到一些事情讓願望變得難以實現；當心裡想著「和那個人一定處不來」，就會吸引到無法好好相處的理由；告訴自己「只要我忍耐一下就好」，將會吸引到更多必須容忍的事情……這一切也許只是你，將心裡想的事情全部吸引過來罷了。

這並不是在責備你「總之一切都是你的錯」，而是希望你明白「你已經在發揮吸引力了」。

我們一直擁有實現一切的力量！

在《哈利波特》小說中，魔法學校裡出現了一群個性迥別的一年級生。大家都具有潛在能力，懂得使用魔法，但是當咒語出點小錯，或是力量斟酌失誤，便會造成意想不到的後果。教授們認為這樣就是「失敗」，不過這些「失敗」都是因為懂得使用

DAY 04

魔法才會發生。一步步學習正確知識，再熟能生巧運用魔法，這樣便能帶來美好的成果。

我們也是一樣。**我們一直具備將關注的事物吸引過來的力量，所以接下來只須善加運用這股力量即可。**

你能夠發揮吸引力，你一直都做得到，還能做得更好♪

從今天開始，別再任由吸引力法則擺布，你要隨心所欲掌控吸引力法則才行。

今日的課程

◆花十五分鐘回顧過去！◆

接下來的「十五分鐘」，請你試著放鬆下來，回顧一下你的過去。

這段時間最好是能一個人安靜獨處的時間，覺得有困難的人，請利用耳機或耳塞等，隔絕外界的聲音。

現在請你試著扭轉時空回到幾個月前、一年前、三年前、五年前……一步步回溯到十年左右。肯定發生了很多的事情。一路走來辛苦你了。

在這當中，請你試著回想起被你吸引過來的事情。相信你一定知道是哪些事情。說不定，這些被你吸引過來的事情，都不是你期望中的事情，但是當你在現在這個當下有意識到，「那時我念念不忘的事情或許已經成真了」，對你來說就是很大的收穫。

你能夠感覺到，在你體內具有讓所思所想化為現實（吸引）的力量嗎？

難得擁有這種能力，所以請好好利用吧！

DAY 04

今日的
貼心小語

✦

請你記住，
你身上具備「實現願望的力量」。
從現在開始，好好運用這美妙的力量，
你想要實現的事情真的可以夢想成真。

DAY 05

試著將過去發生的事化為對自己的讚賞

我因為工作上的關係，經常會遇到很多人，長期以來飽受過去的事情以及記憶所困擾。

「我希望人生過得更快樂、變得更幸福，但總是被過去的事情牽絆。所以我很害怕那些令我受傷的事情，很想逃離。」

甚至有人這樣跟我說。

我們每一個人，都會擁有一些從前的回憶，當其中一段過去對我們造成極大傷害時，有時自己會無意識地，停留在那段過去。

明明想要往前進，但是回想起某件事就會讓人裹足不前……。擔心又失敗該怎麼辦……。不想再次經歷那種痛苦……。就像這樣，過去時常會對現在造成影響。

K代小姐在七年前被解除婚約，從此再也無法打從心底快樂起來，臉上也失去了笑容。

「我那條快樂的情緒傳導線，似乎突然間斷掉了。」

她如此說道，而且每每都是哭喪著臉來見我，令我印象深刻，至今仍深深難忘。

在這七年間，K代小姐一直在學習各式各樣的「身心創傷消除法」，但是聽說她在面對過去發生的事這段過程中，會感到非常難受，總是無法療癒過去的傷痛，也無法放下。

「我心裡很清楚必須治好過去的傷痛。我也明白差不多是時候忘記了，否則只是在浪費時間。可是，我就是沒辦法從那件事走出來，現在開始對自己這種情形感到很煩惱。擔心自己這輩子會不會一直走不出來……。」

聽完K代小姐這番話，我深深地點了點頭。

即便想要封印在某處，心頭卻會在猛然一瞬間湧上悲傷、憤怒以及無法接受的事情……這些痛苦的回憶或許每個人都有。

當你認真思考著，「必須好好整理過去的一切」、「最重要的是消除憤怒及怨恨，放下過去並且放過自己」，接下來一定會對做不到這點的自己感到不安。

但是，當你這麼做會覺得很痛苦時，其實沒必要勉強自己放下。

舉例來說，當發生了一件讓自己沒辦法接受的事，心裡一直對某人感到憤怒或怨恨時，在這些情緒還無法消化的期間，完全就像枷鎖加身一樣，自己根本動彈不得。可是，對方卻已經一副事不關己了，實在好不公平。

說不定，再也不會聽到能讓人接受的答案，而且對於不合理的事情所造成的悶悶不樂，肯定無法就此輕易消除。我將這種狀態，用「心無法成佛而徬徨失措」這句話來表現，心無法成佛真的會讓人很痛苦。

但是，我們還活著。即便在這種狀態下，還是得繼續走向人生終點。縱使心停了下來，但是時間會流逝、季節會更迭，再次迎來嶄新的一年……以淺顯易懂的方式，持續向前進。

大家不覺得，這樣子非常了不起嗎？

雖然內心會鬱悶，也有難受的記憶，暫時還不能放下……可是，現在你就在這裡！

所以你很了不起。

「之前發生了那種事，我真的很可憐。」

縱使你有些時候會桎梏於過去，出現這種想法也無所謂。不管是生氣、怨恨、哭泣，你要怎麼想都是你的自由。說得極端一點，就算你一直感到憤怒，還是可以出乎意料地得到幸福。

接著請你好好讚賞自己：「我竟然克服了那些事，實在好厲害！太強了！」

並試著照這樣得意忘形下去。

我把這個觀念告訴K代小姐之後，她豁然開朗，第一次開心地笑著說：「也許我是龜步緩行，但我覺得最終我應該可以成佛。」

今日的課程

◆幫過去所有的事情打✓（勾勾）！◆

你經歷過的各種事情，這些記憶沒必要勉強自己回顧或忘記，像是悄悄地放在心中就行了。

今天，就是要對你至今經歷過的所有事情，打✓（勾勾）的日子。

不管是好事，或是不好的事，到了今天全都變成過去了。

過去無法重來，不管你對過去發生的事有何看法，想如何處置，都是你的自由。

但是現在請你試著出聲告訴自己：**「一路走來做得很好，從現在開始只管接受讚賞就行了♪」**

就在你說出口的那一刻開始，嶄新的運勢即將到來。

今日的
貼心小語

✦

從現在開始你會受到無數的讚揚……。
這些都是過去的你送來的美好禮物。
請你回句「謝謝！」後大方地收下來。

DAY 06

稍微故作刁難質問自己

我從小熱愛觀賞戲劇及閱讀小說，有時會在一瞬間，一頭栽進幻想的世界裡。尤其我最喜歡變身「老師」一角，一人分飾「老師」與「學生」兩個角色，用幻想的方式玩遊戲。

有一次我無意中說出這件事，結果被周遭的小朋友當成「怪胎」，不過後來我發現這種一人分飾兩角的遊戲，在我長大成人後受用無窮。

因為這種遊戲，**會讓我對自己提問，客觀審視狀況，讓我無論在任何情形下，都能找出解決對策。**

我十分確信，這會成為我一輩子的武器！

DAY 06

最重要的是，當我感覺好像走頭無路時、宛如一下子墜入煩惱深淵時，我會用沉著的態度，冷靜觀察這一切。

假設有一個處境完全相同的友人來找你商量，問你「我該怎麼做才好？」你會給他怎樣的建議呢？

我想你一定會以沉著的態度，提供適當的建議。

人可以對他人的事情作出冷靜的判斷，卻無法清楚理解發生在自己身上的事。我將這種情形，稱之為**「當局者迷現象」**，的確當事人往往看不清楚事情的真相。

當你不知道怎麼做才好的時候，不如先退一步，冷靜下來觀察。因為退一步觀察之後，才能釐清過去看不見的事實，明白事物的本質。

接下來，**再用一人分飾兩角的方式，讓擔任老師一角的自己粉墨登場，試著對自己提出一些小問題，這樣一來，還會意外地吐露出真心話。而在提出這些「小」問題時，不妨盡量刁難一點。**

DAY 06

舉例來說，假設你因為職場上的人際關係感到很煩惱。尤其和直屬上司之間的關係不佳，這點造成你很大壓力。就在今天日積月累的不滿終於爆發，和上司起了衝突。

你很後悔「和上司起了衝突」，但也很生氣，因為「忍讓已經到達極限」。各種情緒摻雜在一起，不知道接下來該如何是好……。

在這種時候，正是擔任老師一角的自己出場的時機。

「這位先生，你今天和上司起衝突了對吧？難道就不能忍一下嗎？」

哇，這個提問還真是刁難人。明明就不是我想要起衝突的……。

但是，假設這個提問一定得要回答，你會如何答覆呢？

「我已經忍很久了，再也忍不下去了！」

「誰叫那個人老是把工作推給我！」

「我並不是隨口胡說，而是打算好好表明自己的意見！」

也許你會做出這樣的答覆。

被刁難地質問之後，肯定會想豁出去反擊，「把心裡的話一吐為快」。這時候說出來的意見或想法，就是「真心話」。吐露真心話之後，很不可思議的是內心會因此逐漸平靜下來，感到無比暢快！

道出真心話稍微平靜下來之後，說不定隱藏在內心深處的想法就會開始冒出來。「與其說是上司有問題……說不定是現在的工作根本就做的不開心。」原來當時會起衝突，一定都是有原因的。也許現在差不多是時候，去找尋新的發展了。

一人分飾兩角，你一言我一語的爭論，不但不會造成任何人的困擾，而且在自己心中就能做個了結。

藉由另一個自己故作刁難的提問，讓自己得以用冷靜的態度檢視一切。這樣一來，才能步上你真正期盼的發展。

今日的課程

◆故作刁難質問自己，了解真實想法！◆

現在來回顧一下最近發生的事，有沒有哪些事讓你無法接受，或是感到心情鬱悶呢？如果有的話，請你問問自己：「〇〇先生／小姐，為什麼你會做出那種事？」試著像這樣不分青紅皂白的向自己提出刁難的問題。

「還不都是某某人害的！」、「沒辦法，那時候只能那麼做！」當自己加以反駁說出真心話之後，擔任老師一角的你再全心接納這些想法，告訴自己：「事情原來是這麼一回事，果然是這樣。」

這個課程，目的是為了引導出你的真心話，所以也包含陰暗的想法在內，想說什麼都行，請你放膽一一說出來吧！也許你會很驚訝，自己竟然會說出意想不到的真心話，不過包含這些真心話，都會是很有趣的發現。

表露出來的真心話，只要「如實」接納即可，這樣你的心情就會變輕鬆，逐步找回平靜的自己。

今日的
貼心小語

✦

這世上最佳的排毒法，
就是「說出自己的眞心話」。
這個隨時隨地、一個人就能進行的課程，
馬上能讓你的心情放鬆下來。
將心事一吐爲快不再積壓，
這樣你才能吸引全新運勢來到身邊。
實在令人期待。

DAY 07 思考看看今後的人生腳本

「這個世界是由你打造出來的」。

不知何時，當有人這樣跟我說的時候，我都會一本正經地回覆：「不對，沒這回事，我不相信這種事。」害對方一臉尷尬。

在這世上會發生很多事情，居住著形形色色的人，還有許多事情令人意想不到。所以我根本不相信，這樣的世界是由我打造出來的這種話。

至今我這種想法依舊沒變，但是對於「我的世界是由自己打造出來的」這句話，卻開始能夠理解了。

DAY 07

比方說，我（演出來的也罷）從一大早就散發出不開心的氛圍，見到人都是一臉不悅的模樣，焦躁的情緒一目了然，結果週遭不少人也都受到影響，變得心情不佳。當有人一臉不悅的出現在面前，應該沒有人會開心得起來。這樣一來，我這一天就會「讓自己週遭的世界變得不開心」。

反之也會如此！

當我日子過得很開心，時常將「謝謝」掛在嘴邊，用感恩的心與人來往之後，此刻便會充斥著祥和的氛圍。我十分確信，笑容會喚來笑容這種現象真的會發生。也許也有罕見無法獲得共鳴的人，關於這點容後再述。

除了人之外，不管是面對物品、植物或寵物，若能以溫柔態度相待，當下一定會充斥著幸福的時光。**無關乎年齡或立場，只要我們存在這世上，即便肉眼看不見，由自己散發出來的氛圍都會造成某些影響。**

縱使微不足道，確實有許多事情是由我們自己「創造」出來，能靠自己改變。我認為這就是「希望」。

DAY 07

就算會發生無法順心如意的事情，也請不要向命運或宿命二字低頭。

從現在開始，再去創造出自己期望的世界就好！

你可以自由創造，重新來過幾次都行。

我將這種「重新創造世界」的做法，視為**「重寫人生腳本」**的機會。

每一齣連續劇或電影都有腳本。專業的編劇家，會為主角安排充滿戲劇性又令人雀躍的未來。就算感覺會以悲劇收場，叫人心情七上八下，只要在最後走向快樂結局，觀眾的心裡也會鬆了一口氣，感到「很滿足」。

只要也為我們的人生備妥自己專用的腳本，就能夠生活在萬分幸福的理想世界裡。

坦白說，也許我們不知不覺一直在安排腳本給自己。斷定「選擇這個才會幸福」、「那樣會有困難」、「不能奢望只好放棄」，擅自為自己編排結局，甚至有些人這輩子一直活在框架內。

DAY 07

莫非你就是「這種人」！你的腳本，是不是不斷套用一般常識的舊觀念？

如果你無法打從心底滿足現狀，只要改寫現在的腳本，另外為自己編排全新的情節，就會帶來一番新氣象喔！

今日的課程

◆創造獨一無二的腳本！◆

【準備用品】

● 紙和筆（也可以直接使用第一課的筆記本）

【創造人生腳本的四步驟】

❶ 選出未來會在你的世界登場的人物

如果在你認識的人當中，「希望某個人登場」，請直接將這個人加入腳本當中。

❷ 選出此刻會從你的世界離場的人物

像是已經努力過卻還無法相互理解的人、會對彼此造成壓力的人、在一起時自己的自信會逐漸被奪走的人等等，如果有人想要各奔前程，就在某個時間點安排對方離場吧！
如此安排才能有樂觀的未來，「讓彼此保持一點距離，各自安好」。不需要任何顧慮，放心去做吧！

❸ 設定場所、環境

你理想中的生活或是工作方式是什麼模樣呢？
你想給你的這位主角，提供怎樣的環境呢？

❹ 設定經驗

想去走走的地方或是體驗看看的經驗，就在你想到的時候安插進腳本當中吧！
如果能安排許多快樂的消遣時光，應該也會很棒喔！

「事先決定」、「預先思考」的力量無窮，當你在創造這份腳本時，會成為由你自由創造個人世界的大好良機。
隨心所欲地重寫吧！請為最重要的自己，創作一個快樂的腳本。

今日的
貼心小語

放下舊腳本的當下，
你的人生就能如你所願。
無論登場人物還是景色將爲之一變，
就從今天開始展開全新的人生故事！
肯定充滿期待吧。

（專欄1）如何處理情緒——善用祕密帳號

喜怒哀樂，只要身為人，都會擁有這些情緒。

我們無法斷定哪種情緒是好或壞，也無法自我克制，能夠好好接受每一種情緒的人，未來才會過得輕鬆。

不管大笑也好、流淚也罷，甚至生氣也沒差。隱藏自然湧現的情緒，只會苦了自己，所以建議大家要有一個「接納情緒的管道」。

其實我有一個【推特秘密帳號】，也就是私人的推特帳號。由於是不公開的帳號，所以除了我以外，沒有人可以看得見。

這個帳號屬於我「個人專用」，舉凡突然想到的事情、心有所感的事情、察覺到的事情等等，我都會用手機隨手寫在推特上。

不管是無聊的事、好事、壞事，我全部都會寫上去！

COLUMN 1

這樣無心開始的管道，對於整理我每天的情緒非常有幫助。

畢竟不要積壓情緒還是最重要的事！

在那裡，有時會出現自己陰暗的一面，也會有不成體統的一面，但是不管是怎樣的自己皆無妨。因為，只有我一個人看得見。不滿及惡言都可以寫上去。但是，寫完後心裡就舒暢了！感覺寫完後這些問題就結束了。既然如此，當然「非寫不可」！

正因為只寫真心話，日後重讀時就變得很有趣，儘管當時哭得那麼淒慘、那樣煩惱得不得了……如今，卻是邊吃著章魚燒邊笑著回顧（笑），甚至在不久後，還可以當作開玩笑的話題。

像這種時候，雖然內心百感交集，卻也會很開心自己似乎有了明顯的長進。

自言自語的推特，覺得不錯的話請大家來試試看吧♪

WEEK ✦ 2

意識改變，未來就會改變

.DAY.
08

試著用轉念術玩玩看

今天要來教大家，讓環繞著你的世界豁然開朗，「現學現用的快樂轉念術」。

這世上所有的事物，都是一體兩面。有內有外，有光有影。我們自己也存在正負兩面。

從不同角度觀察、解析事物，就可以發現截然不同的世界。

舉例來說，假設發生了一件意外，「今天爬樓梯時跌倒了」。有人會認為，「我的運氣真差，喜歡的包包給撞傷了，真倒霉！」而且說不定多數人都是這種想法。

但是另一方面，有人卻會覺得，「幸好沒什麼大礙！也許是包包保護了我，這樣就當作本季消災解厄了」。

你要選擇哪一種想法，全是你的自由，不過選擇後者的人就不會責備自己，生活會過得開心一些。

即便在跌倒那一瞬間，感覺自己「真倒霉！」陷入負面思考之中，但是喘口氣後，再將發生的意外在大腦裡「轉個念」，你就能正面思考，發現「幸好沒什麼大礙！」

像這樣在大腦裡轉換想法，我稱之為**「轉念術」**。

「轉念術」不僅能用在突發事件及各種狀況上，還能讓自己的想法變得積極樂觀，甚至能用來提升自我肯定感。

DAY 08

我天生並不是樂觀的人，原本個性就是屬於自卑、愛生氣又杞人憂天。雖然現在還是帶有這種性格（笑），**但在屢次轉念之間，我發現到隱藏在自己內心樂觀的一面，開始能夠肯定自我。後來，發生在我身上的事情，以及我吸引過來的事情，也都開始逐漸轉變了。**

「你自己是如何看待自己的呢？」

這一點，非常重要。

自己會覺得「我運氣很好！」的人，在周遭人眼中，你真的會變成很好運的人。因為你會依照自己的想像，將這些事情吸引過來。

沒必要從你的世界，將負面思考完全消除或抹滅。

就算「負面思考與正面思考的比例為四十比六十」，還是正面思考占了上風。

好好運用轉念術，讓你的人生過得更加幸福快樂吧！

今日的課程

◆將負面思考轉為正面思考！◆

凡事都有正反兩面。如果要將下述四個偏向負面思考的例句，「轉變」成正面思考，該如何表達才好呢？大家一起來思考看看吧！這就是所謂的「轉念術」。建議大家寫在紙上會更容易進行。

1. 「我已經厭煩了，再也撐不下去了」
2. 「我總是過於在意他人的眼光」
3. 「我很情緒化，心情起伏十分劇烈」
4. 「我對於想要實現的願望非常執著」

大家有什麼感覺？

接下來是我想到答案，寫出來提供大家作參考。

❶「我已經厭煩了，再也撐不下去了」

←『我是好奇心旺盛的人，擅長果斷取捨』、『腦筋動得很快』

容易生厭並非缺點，會成為一種優點。

❷「我總是過於在意他人眼光。」

←『我很懂得察顏觀色』、『能夠為人著想』

自己並不是脆弱的人，而是內心有愛懂得關心別人的人。

❸「我很情緒化，心情起伏十分劇烈。」

→ 『我的情感豐富且愛恨分明』、『我可以坦率地活出自己的人生』

能夠做自己是件很棒的事。

❹「我對於想要實現的願望非常執著。」

→ 『最終一定可以看到（吸引到）夢想實現』、『有很多時間思考夢想的事，我真的很幸福』

人不會執著於無所謂的事情。心裡有夢是件很幸福的事。

試著以這樣的形式運用轉念術之後，不管是說出來的話或是腦海裡想的事，都會變得完全不一樣。你可以轉變成很多種說法，所以沒有正確的答案。只要能肯定自我、肯定現況，怎樣表達都行。

區區語言，卻無可取代。轉變成不同的說法，意識就會改變。

今日的
貼心小語

✦

學會這套轉念術，
將成爲你人生最大的寶藏！
你會突然察覺正面思考映入眼簾……。
對你這輩子助益良多。
這樣的世界令人充滿期待☆

一週前的實驗驗證

進入下一個課程之前，想在此復習一下上週的課程。

在第二天「試著運用你的吸引力」這項課程中，挑戰了一個發揮吸引力的實驗。

到現在已經過了一週的時間……當時決定好的三件事物，你已經吸引到身邊了嗎？

「已經全都吸引過來」的人，非常恭喜你！

你做得很好。就照這個樣子，再決定三件新事物吧。

這次也一樣，決定好的這三件事物，最好是類似「成功吸引後會熱血沸騰，失敗了也不會叫人為難的事物」。持續試過幾次，親身體會決定好的事物都能被你吸引過來的感覺之後，相信你在做決定時，會更容易提升這三件事物的層次，例如可以設定成「吸引過來之後會非常開心的事物」、「吸引過來之後會充滿感激的事物」，你會覺得逐漸貼近你真正想要的事物。

「還沒有全部吸引過來！」的人，也許你會有點灰心喪氣，但是沒關係！

我自己也一樣，剛開始進行吸引力實驗的時候，並無法一次將所有的事物吸引過來，當時感到十分氣餒，總覺得「自己果然還是不行」（也曾經放棄過好幾次，接著在屢敗屢戰之後，突然就發現自己成功了）。

所以現在我才明白，當我無法好好將事物吸引過來的時候，我發現就是受到過去的慣性思考所影響，才會出現「恐怕做不到」、「應該沒那麼簡單」、「果然不可靠」這類想法，還有擔心「失敗的話該怎麼辦」這種心情變強烈所導致。看來終究還是深藏在自己心底的想法占了上風。

「無法全部吸引過來」的人也沒關係，不用擔心！

事實上對於這些人，我有一個建議要提供給大家作參考。

請你反過來運用慣性思考，試著用提問的方式來決定這三件事物，問自己「當〇〇吸引過來之後你會怎麼做？」而不是要求自己「將〇〇吸引過來」。

舉例來說，當你決定「要將紅色花朵吸引過來」之後，一定會不自覺地努力實現，結果卻只能找到黃色花朵……這樣說不定會讓你感到很著急。但是，如果是用提問的方式，問自己「當紅色花朵吸引過來之後你會怎麼做？」這樣不但不會導致明顯的抗拒感及不安感，還能將「紅色花朵」確實輸入你的思緒當中。

「當〇〇吸引過來之後你會怎麼做？」

這裡的〇〇，應符合「成功吸引後會熱血沸騰，失敗了也不會叫人為難的事物」這般條件，再來重新試試看。

相信這次肯定會無往不利。

DAY 09

試著邊睡邊讓願望實現

睡覺就能實現願望是最棒的一件事！

我很怕麻煩，最喜歡做事輕鬆，自從學會吸引力法則之後，心裡一直有這樣的想法。

但是，我天生充滿負面思考，不知為何一到夜晚就像被吸入不安的漩渦當中，老是想著「不想要變成那樣」、「要是那樣就糟了」，每天都在惴惴不安下進入夢鄉。於是，從隔天早上睜開眼的瞬間，總會出現全身倦怠與悲觀情緒，感覺「今天還是會失敗」、「今天又是充滿考驗的一天」。現實中明明什麼事都還沒開始做，卻心情低落地展開這一天。從起床當下就滿身疲憊……當時就是類似這樣的感覺。

雖然有想要實現的事情或希望，卻完全受到負面消極的想法支配……。這樣的日子日復一日，某一天，我坐在沙發上看電影時，居然看到睡著了。這部電影的主角，是個接二連三心想事成的幸福女性，看了叫人很想吐嘈，「她的人生沒道理那樣順心如意吧？」

我記不得是在哪個片段睡著的，不知為何我竟然在夢中變成那位女主角，喜笑顏開地歌頌著人生。醒來之後，甚至很想「繼續作夢下去」，因為心情快樂得不得了。明知道「這個夢很有趣，但畢竟只是一場夢，今天又是殘酷現實的開始」，卻又很不可思議地感到輕飄飄，心情很愉快。

那是個平凡無奇的一天，不過那天心浮氣躁還有長吁短嘆的情形卻比平時減少許多，而且我記憶猶新，直到晚上我一直都是心平氣定。

難不成，是因為作了美夢的關係？

萌生這種想法之後，我便在那天晚上，讀了有幸福主角登場的故事後才去睡覺。前提是，必須要有美好結局。雖然不像前幾天能夢見快樂的夢，不過在起床那一瞬間，

DAY 09

身心還是感到無比輕快，與兩天前相比，心情截然不同。

這種**「睡前接觸快樂事物的儀式」**，我試著持續做了一週左右，**最先是想發牢騷的情形變少了。並不是我忍住不抱怨，而是因為沒有發生想讓我發牢騷的事情。**

身體狀況或許也在心理作用影響下有了改善，甚至湧現了好想嘗試某件事的熱情。

這究竟是怎麼一回事？

依照我自己的邏輯來思考，發現**「睡前思考的事情會殘留在一個人的意識當中，並持續到早上為止（清醒時為止）」、「人在睡眠期間還是會繼續思考某些事」**，也就是潛意識的吸引力會接續發揮作用。

從前一天晚上，就要開始為翌日做準備！

只不過，在當時我仍舊是半信半疑，於是嘗試了某個多餘的實驗。

如果在睡前接觸「緊張刺激或心驚膽顫」的世界，不知會如何呢？

於是我在這天集中火力閱讀懸疑小說，想像自己變成被犯人窮追不捨的被害者，接著才上床就寢。我在夢中感覺自己一直在與人奮戰，最重要的是，萬萬沒想到清醒後會出現疲勞感，整個人顯得有氣無力。睡前「緊張刺激與心驚膽顫」的感覺，似乎仍殘留在意識當中蠢蠢欲動，心情沉重地展開了這一天，接下來繼續吸引到一些小麻煩還有令人心浮氣躁的事情，就這樣度過一天之後，我更深信不疑了。

人生會因為睡前所思所想而改變！
必須更加珍惜睡前時間才行！

「睡覺就能讓願望實現！」

從今天晚上開始，你要不要也來一起共享這快樂無比的秘密呢？

今日的課程

◆有效活用睡前時間！◆

晚上做好就寢的準備之後，就要開始進行課程了。

首先要慰勞大家，今天一天辛苦了！

跟自己說一聲，「你做得很好，辛苦了！」不管今天是個怎樣的一天，只要「今天還活著」就已經足夠了。不是為了別人，而是為了你自己，先好好地慰勞自己、讚賞自己一下。

接下來，做什麼事情都行，請試著盡量選擇快樂的想法及活動，度過晚上的時間。就算是在入睡前的短暫片刻也沒有關係。

假如你沒事可做、什麼都想不到，試著躺下來後，面帶笑容即可♪

明天醒來時，肯定令人充滿期待！

今日的
貼心小語

✦

只要將睡前接觸快樂事物的儀式融入生活中，
接下來自然就會有許多好事發生。
簡直就像「好運睡著來」一樣！

DAY 10
試著讓一天有個神清氣爽的開始

請大家放心，我並不是要談論「早起」的話題。

每次別人問我是晨型人還是夜型人，我一定會回答自己是夜型人，坦白說，早上的時間我都是神情恍惚居多。有精神的時候可以一大早就動起來，但是老實說，可以的話早上我還是想要悠哉一點。就連在想點子還有創作時也是一樣，絕對是在半夜的時間（半夜兩點至兩點半）對著電腦，才會進行得很順利。

前年，我突然看到一篇報導，得知晨型人或夜型人其實取決於基因之後，我才恍然大悟，「難怪我努力想要早起或白天工作都無法持之以恆」。就在這同時，長期以來對自己無法早睡早起的內疚感，後來說實話也鬆了一口氣。

我討厭早起，可是晚上不管幾點還是能輕鬆保持清醒。甚至經常在深夜十二點，才開始「想來杯咖啡開始工作♪」，全身充滿幹勁。既然如此，不如甘脆這樣，就在早上睡覺，傍晚再開始活動吧……曾經我也這麼想過，只是很遺憾，目前還做不到這一點。因為在當今這個世上，基本上還是以早上展開活動的體系為主。只要在工作上必須與對方打交道，大多會在一般認知的時間（白天）洽商，不管是購物還是上公家單位辦事情，甚至去醫院看病，多數都無法在夜間進行。

當我發現……總之這個世界還是偏向晨型人適用的體系後，才下定決心，「既然如此，還是迎合晨型人的體系，自己做起事來才方便！那就早點起床吧！」

因為這個緣故，我必須在自己能力範圍內克服早上的時間，所以首先要停止擔心「早上起不來」這件事。也要停止去想「早上很痛苦」這件事。即便事實如此，但是愈這麼想，的確會更加強調「起不來」與「很痛苦」這些情形。

這個做法，不僅適用在早上，不管任何領域的事情，遇到「非做不可的時候」，我都會盡可能裝作很快樂的樣子去面對。

在我們的人生當中，偶而也會遇到棘手的事或是不感興趣的事，如果沒辦法現在馬上停手（非做不可的話），裝裝樣子也好，假裝快樂地去完成絕對會比較開心。就像在「扮裝遊戲」一樣。

次頁會教大家具體的做法，我在一天之始展開的「扮裝遊戲課程」，後來逐漸推廣給許多朋友及顧客知道之後，現在大家都變得很期待從早上迎接一天的開始。

像我一樣，早上爬不起來……早上心情鬱悶……低血壓又提不起精神……如果你是這種人，我尤其推薦你要來學習這項課程。

今日的課程

◆來玩玩看「扮裝遊戲」！◆

今天要進入夢鄉時，請你先在心裡想著，「明天早上要來玩這樣的『扮裝遊戲』」。並且建議大家，要做到下述這四件事。

❶ 睡醒後，第一步先試著對自己說：「啊——睡得真飽！」

與其想著「睡不飽真痛苦」，倒不如先讓自己以為「已經睡很飽了」，才會打起精神來。當然，最理想的狀態還是擁有充足的睡眠，做不到的時候，就像在進行緊急處置一樣，請試著運用看看這個做法，瞞過大腦吧！

❷ 先認定「今天會是有趣的一天！」

今天這個空白的一頁要如何度過，得在早上一開始時便做好決定。因為你關注的事情都能被吸引過來，所以不如決定「今天會是有趣的一天」，而不要想著「今天似乎會變成辛苦的一天」，這樣今天這一天才能充滿期待。

❸ 享用黃金蛋和富翁咖啡

料理荷包蛋或歐姆蛋時，要想著「這顆蛋是黃金蛋」。接下來，將早上的咖啡倒進馬克杯時，要想著「這杯是富翁咖啡」。也可以準備黃金麵包或沙拉，甚至是富翁果汁或是任何食物都行。一想到平時的早餐時間變成了提升財運的時間，真的會很開心喔！

❹ 站在鏡子前面做出笑臉後再出門

早上的最後一個步驟，就是要做到這點。總之一開始就要面帶笑容！「沒問題，不用擔心，今天也會無往不利喔！」像這樣幫自己打氣後，再笑容可掬地出門去吧！笑容的魔法，絕對效果顯著。

今日的貼心小語

✦

反正同樣要度過一天，
舒適愉快地輕鬆過日子更好！
善用這「早上的儀式」，
保證你每一天將變得愈來愈有趣☆

DAY 11

戴上「肯定的眼鏡」過日子

我們在每一天，真的會發生五花八門的事情。對於這些突發事件和相關人士，有時會感覺良好，有時也會湧上不悅的情緒。

儘管如此，畢竟人生只有一次，盡可能還是會希望感覺良好的事情多一點，讓生活處處祥和。

我心目中「幸福的人」，是能徹底堅守個人原則，同時思緒極為靈活變通且具幽默感的人。不會過於受到他人或環境影響，但也不致於過分冥頑不靈、固執己見，能夠順其自然認同「我就是我」、「你就是你」的人，是非常有魅力的。這種人會不加修飾地做自己，週遭的人也不用假惺惺，可以放鬆自在地相處。

明明沒做什麼特別的事，為什麼在這個人的周圍，就會充斥著祥和的氛圍，聚集堆滿笑意的人……每次遇到這樣子的人，我都會用憧憬的目光注視著對方，觀察這樣子的人「究竟有哪裡不一樣」。

後來我終於明白了，這種「幸福的人」多半都有一個不為人知的秘密工具，就像隨身戴著**「肯定的眼鏡」**一樣……。

許多我認識的幸福的人，大家一直都很擅長運用這個眼睛看不見，名字又十分不可思議的眼鏡。

「肯定的眼鏡」真的是很棒的工具，不但有助於減少壓力，使人際關係變圓滑，還能幫自己創造機會，將好事吸引到自己身邊。雖然昂貴的洋裝、包包或飾品也很棒，不過在往後的人生，希望你也務必要隨身戴著「肯定的眼鏡」。

過去的我一直沒有戴著「肯定的眼鏡」，是個非常急性子的人。像是看到變紅燈了、絲襪破了、感覺被人白眼了、愛吃的麵包賣完了、聽同事在吹牛……等等，一切日常場景都會令我感到心浮氣躁。為什麼會變成這樣，我也想不出個所以然，大概是覺得除了自己以外的人，大家看起來都很幸福，所以十分稱羨的關係（應該是一直擅自在扮演著悲劇女主角）。

而且，當時我總覺得「這個人看起來真幸福」的友人A，即便經歷了和我相同的事情，卻不曾像我這樣感到生氣。

曾經發生過這樣的事情。

我和友人A在一起的時候，與認識的B小姐擦身而過，順口道了聲「早安」。結果B小姐一言不發，便從我們身旁走了過去。

「什麼態度呀？剛才是無視於我們的存在嗎？」我怒氣沖沖地說道。反觀友人A卻很擔心B小姐，「她好像在想事情才沒聽見，不知道出了什麼事？」

「什麼？妳心裡是這麼想的嗎？妳這個人也太善良吧？」雖然我沒有把話說出口，

心裡卻是這麼想，反而更叫人氣憤難耐。

當時的我們，儘管處境相同，看到的卻是截然不同的世界。過去一直戴著「否定的眼鏡」的我，感到生氣而且情緒變得很糟，戴著「肯定的眼鏡」的友人A，卻不覺得生氣而能心平氣定──像這樣的事情要是每天都會發生的話，環繞在身邊的世界會變得不一樣。

許多意見相左或反應不同、憤怒或悲傷，也許都是因為每個人「戴的眼鏡不一樣」所致。

事先抱持否定的態度，就會吸引到否定的事情，抱持著肯定的態度，即會吸引到肯定的事情。如此看來，盡可能戴上「肯定的眼鏡」，用肯定的態度看待他人及狀況，結果不但對自己有幫助，而且更輕鬆愉快喔（因為生氣會損害身心健康）。

今日的課程

◆戴上「肯定的眼鏡」看世界！◆

用想像的方式，準備一付「肯定的眼鏡」。那會是什麼顏色呢？鏡框會是什麼造型呢？這就是讓你的人生變快樂的秘密工具。

戴上這個眼鏡之後，映入你眼簾的，就是「肯定的世界＝萬事ＯＫ！一切沒問題的世界」。好好享受這全新的世界吧！

不管你如何運用肯定的眼鏡看世界，都是你的自由。請你像玩遊戲一樣，樂在其中吧！

這麼做絕對不是要你自我犧牲，「忍耐一切壓抑怒氣」，而是為了自己採取保護的行為。

等到有了肯定的回饋，你一定會覺得很開心，而且無須承受額外的壓力或怒氣。

今日的
貼心小語

✦

「肯定的眼鏡」，
會讓你隨時感到快樂。
歇口氣，找找看，
「這裡有沒有值得肯定的地方？」
相信你會發現前所未見的世界。

DAY 12

試著將注意力放在放鬆的事情上

「將注意力放在感覺興奮的事情上就好。」
「內心雀躍就能吸引幸運降臨。」

我常常將這幾句話掛在嘴邊，不過在前年的一場演講會過後，有一位聽眾向我提出了這樣的問題。

「我人在會場的時候非常興奮，感覺什麼事都做得到，情緒變得很高昂，但是回到正常生活，經過一段時間之後，那種雀躍的感覺便逐漸轉淡了。

結果現在遇到無法令我雀躍的事情就會很焦慮，對自己失望透頂。

究竟該怎麼做，才能讓興奮的感覺持續下去，吸引幸福來到身邊呢？」

隔週，我和提出這個問題的H小姐，有了直接對談的機會。

「興奮不起來的時候，不必勉強讓自己開心也沒關係喔！」

「但是吸引力法則有提到，興奮的感覺似乎是必要的。感覺自己如果做不到這點，根本無法站在吸引力的起跑點上，叫人好沮喪。」

「當然二十四小時都能感覺興奮是最理想的狀態。但是，在我們的生命中會有五花八門的事情從天而降，而且有時不也會因為工作或是人際關係而感到筋疲力盡嗎？不管妳想讓自己多興奮，還是會遇到無法如願的時候喔。

舉例來說，心情舒暢歡欣雀躍地走在路上時，從空中掉下鳥糞還命中自己，妳會有什麼感覺呢？換作是我，在發生那種事情的日子肯定開心不起來（笑）。」

「哇……妳說的沒錯。我很怕蟲，所以每當家裡有蟲入侵的那一天，都會感到很

DAY 12

憂鬱。不過，像這種時候要如何度過才好呢？」

不管是誰，一定都會遇到令人情緒低落的事情，或是引爆怒火的地雷，遇到這種日子，相信心情很難雀躍起來。

做不到的時候，就請你放棄吧。不要勉強自己，不必努力。遇到這種時候，建議要找事情讓自己「放鬆下來」，不需要讓自己開心。

每個人一定都知道，做哪些事情會讓自己「放鬆下來」。

- 在偶然的瞬間抬頭看見藍天白雲，只要悠哉眺望就會感到很輕鬆
- 下班回家後，喝杯熱茶就會感到很輕鬆
- 欣賞一直熱愛的電影，看到最喜歡的一幕就會感到很輕鬆

當你的心可以放鬆下來，對你來說這就是最美好的片刻。

擁有這樣的時間，效果便等同於讓你興奮的事情一樣。

方才提過的Ｈ小姐，後來開始天天都會做好幾件「放鬆的事情」，當作禮物送給自己。雖然不會出現情緒十分高昂的雀躍感，但是每天放鬆的時刻逐漸日積月累之後，據說最後便不再陷入自我嫌惡的情緒之中了。

而且，經過了大約三個月之後，她還吸引到令人不由自主放聲大叫的美好事物來到身邊。Ｈ小姐一直在從事創作活動，第一次收到自己作品的獲獎通知時，讓她打從心底體會到歡欣雀躍的感覺。

「做些讓自己感覺放鬆的事情，不必勉強自己開心起來，這樣在不久的將來，就會在現實中發生令人開心的事情！」

讓你「放鬆的事情」，不會背叛你，還會讓你看見美好的成果喔！

今日的課程

◆找出會讓人「放鬆的事情」做做看！◆

❶ **找出三件會讓人「放鬆的事情」**

❷ **立刻去做做看這當中的一件事情**

❸ **直到會令你開心的事情出現為止，每天都要做「放鬆的事情」，當作禮物送給自己**

把每一件放鬆的事情，想像成一個印章。當印章集滿幾個之後，就能自動換來開心的事情。

❹ **令人雀躍的事情出現後，盡情沈浸在這樣的喜悅當中**

習慣這樣的雀躍感之後，當你不再有任何感覺時，再做下一件「放鬆的事情」當作禮物送給自己。重複這幾個步驟，就能逐漸將幸福吸引到你的身邊來。

今日的
貼心小語

其實你遠比自己想像的，
更在意週遭的人以及外在的世界不是嗎？
「放鬆的事情」是送給自己最棒的禮物。
今天一樣辛苦你了☆

DAY 13 寫下文字實現願望

意識到的事，還有說出來的話，將會逐一成為現實！

所以，如何使用語言非常重要。語言除了發出聲音說出口之外，還有一個方式就是寫成文字。小心運用這幾種方式，就會讓你的每一天過得更快樂。

「我不擅長寫文章，實在沒辦法寫下來讓願望實現。」

先前有一位T先生前來向我諮詢時，如此說道。

既然將願望寫在日誌手帳或日記上就會實現，不如馬上來試試看！雖然他心裡這麼想，但在鼓起勇氣試過之後，接下來竟有種「非寫不可」、「不寫就無法實現」的莫明壓力迎面而來，所以後來聽說他漸漸懶得將筆記本打開了。不再將願望寫下來之後，不久又開始感到不安，覺得「還是應該寫下來比較好……」，於是買了新的日誌手帳及筆記本回家。他說這樣的情形一再周而復始。

我認為「寫下文字實現願望」這句話，還要加上某幾個字。

「『快樂地』寫下文字實現願望。」

不是拼命努力地將願望或想法寫下來，而是像隨手寫下來一樣。**將自己心中的想像，快樂地化為圖畫或文字。**

我從小就不太會畫畫，所以像是在寫生比賽等場合，非得「用心畫畫」的時間，都會讓我很頭疼，但是我卻很愛在自己專屬的塗鴉本上作畫。學會怎麼寫字之後，我記得隨手寫幾個字的機會也變多了。

每次在隨手亂寫亂畫時，就像在調皮搗蛋一樣，心臟會怦怦跳感覺很開心。彷彿心無旁騖默默地動著筆。每次試著回想起那種感覺，真的很美好。

還有一點也很重要，就是不用寫得多好看，畢竟沒有要給什麼人欣賞。總之，快快樂樂地輕鬆寫下來就對了。

DAY 13

整理眼前亂七八糟的狀態，就能清楚明白自己的期盼或目標！

話說回來，為什麼「寫下文字就會實現」呢？

我認為，寫成文字的行為，能發揮一種近似冥想狀態的效果。

將自己內心或腦海裡浮現的事情寫在紙上，就是單獨和自己面對面的時間，不會受到任何人妨礙。試著將內心的想法寫成文字顯露於外之後，對自己來說，就能明白什麼是需要，什麼是不需要。

就和整理塞爆的衣櫥時差不多，一開始會將收藏的衣物全部拿出來，接著才容易進行分類作業，區分出「需要」、「不需要」的衣物。

所以藉此，就能**「設定真實想法的目標」**。目標決定好了之後，接下來只要摸清方向朝目的地前進即可，所以會變得很輕鬆。

我跟不擅長寫文章，一直對此感到困擾的T先生說了這些話之後，「什麼？隨手亂寫亂畫就行了嗎？」他驚訝地說道，「這樣或許我也做得到。總之先來試試看再說！好不容易得知這個方法，為了讓自己打起精神，我要來準備一支好用的鋼筆。」後來他用興奮的語氣這樣跟我說。

經過約莫兩個月之後，某日我收到了T先生的來信。

「這封信就是用實現願望的鋼筆寫的。」信的開頭如此寫道，信中述說了他從備妥一本筆記本與鋼筆後發生的一些事情。

「這段日子，我每天都很快樂地隨手亂寫亂畫。剛開始的那幾天，我想到當天發生的事就會寫下來，還會將情緒化的事情，以及想要改善的事情條列式寫下來。因為沒什麼特別需要重看一次的事情，所以我會將寫了許多牢騷的頁面撕碎丟掉。在這期間，過去完全不了解的自己好像漸漸原形畢露，譬如『原來我真正想做的是這個』、『一直以為自己很喜歡，其實可能已經不愛了』、『內心真正想要的，是往這個方向前進』等等，讓我嚇了一跳！

就像腦中的紛亂思緒消失之後，隱藏在大腦深處的真實想法便暴露出來了。

接下來，當我發現我的願望是希望這件事實現後會更幸福、希望能過上這樣的生活，都會將這些願望寫在筆記本上。

過去夢想的事情，在我寫下來之後，突然間其中一件事便開始出現了變化。

自下個月起，我要開始到新公司上班了。這個工作我一直十分嚮往，所以我很慶幸自己沒有放棄，勇於挑戰。

DAY 13

我終於完全明白，整理內心願望即會實現所代表的意思了。

寫下來後就覺得可以放心了，實在很不可思議。也就是說，覺得可以放心了，所以才會吸引令人放心的事情來到身邊。

看來放鬆心情寫成文字的做法，今後我應該也能一直持續下去。」

寫成文字就能讓心情舒坦並且獲得自信，請你一定也要來體驗看看喔。

今日的課程

◆寫封信吧！◆

今天要不要來試著寫封信呢？無論是寫給哪位你深愛的人，還是久違的問候或感謝函，甚至要寫給自己都行。

今日課程的目的，是要讓你「在寫字的同時整理內心，讓願望容易實現」，所以寫完之後馬上丟掉這封信也沒關係。不必寫得很好看或是編排成條理分明的文章，完全無須想太多，總之先試著將你想到的、想說的或是腦海浮現的事情，寫成文字看看吧。

建議大家，要試著寫到「心情感覺有些舒暢」為止，頂多寫到三十分鐘左右便綽綽有餘了。不要勉強自己，想繼續的話等到明天再說吧。

實在沒辦法寫出一封信的時候，請用類似文字練習或是寫經等適合自己的方式來寫寫看。

今日的
貼心小語

✦

十分不可思議吧！
每次寫下一個字，
你的內心就會變得輕快起來。
如今寫字機會愈來愈少，
才更能感受到寫字的顯著效果。

DAY 14

試著每一天都當自己已經實現願望

今天要來介紹大家一個有趣的實驗，而且這個方法能讓最重要的願望加速實現。這個實驗的效果絕佳，總之做起來十分有趣，所以我個人非常非常喜歡！

「我的願望，也差不多該實現了吧？」

雖然相信願望一定會實現，但在還沒有實現的這段期間，有時也會叫人等到心慌慌吧。

正因為如此，請大家一定要記住這件事。

DAY 14

願望會絲毫不差地，在「最佳時機」實現！

「現在正好在超乎預期、最完美的狀態下實現了！」

在不久後的未來，你將會像這樣喜笑顏開。

但是，唯獨一點要請大家留意……有時候我們自己會將正在實現的願望往外推。

我自己過去也曾經犯過這種錯誤，如果你想成為更幸運的人，如果你想實現重要的心願，**請你千萬不要將每一天都過得像悲劇中的主角一樣！**

小時候我最喜歡「悲劇故事」裡的主角，時常閱讀這類型的書籍。即便有些故事到最後是完美結局，但是看到一半總會對「感覺很可憐……」的部分深有同感，一直沈浸在悲慘的氣氛裡，「對主角的痛苦感同身受」。

長大之後我才知道，**人類的大腦似乎不擅長將「自己」與「他人」區分開來**，愈覺得故事中的主角「真是個可憐人」，愈會把自己想成「我是可憐人」。讓自己變成悲劇的女主角，是很輕而易舉的一件事。

小時候的我，就是因為這麼單純，才會在現實生活中，將糟糕的事情吸引到身邊來，真的變成一個名符其實的「可憐人」。

如果每一天都試著當自己是悲劇主角過日子，你一定會很驚訝，竟然會發生類似悲劇的事情，所以請絕對不要這樣做。

我有一個朋友，那時候因為男朋友對她態度冷淡，所以老是鬧脾氣說：「我一定要讓他知道，我這麼忍讓已經夠可憐了！」結果隔月對方便提出分手，跟她說：「既然我們在一起會讓妳變得這麼可憐，是我做得不夠好，真的很抱歉，我們還是分開吧！」現在提起來雖然已經變成難忘的笑話，但是將自己設定成可憐人，真的是「百害而無一利」！

想讓願望加速實現，最重要的就是要和悲劇主角完全相反，徹底變成「幸運的人、快樂的人」。

因此我都會做這樣的想像，現在馬上來介紹給大家。

●沒有男朋友獨自一人在家的寂寞休假日

「老公和孩子回婆家了，一個人的短暫片刻，來做些什麼好呢？」就像這樣，這一天我會當作自己已經結婚了。

●不知道如何撐到下一次的發薪日……內心充滿不安的時候

「為什麼會一次把一千萬日圓（約二百五十萬台幣）全部定存呢？又不能馬上領出來……。不過時間一到就能隨時領出來用了，剩沒幾天就當作在省錢大作戰吧！」我還自己在想像的世界裡存了錢。

當初會開始出現某些變化，就是因為我著手展開了這樣的遊戲。

也許是因為專注於腦內幻想（扮裝遊戲）的能量很有趣又很強大的關係，所以幻想才會開始變成現實。「開心幸福又令人滿足的事物」接連不斷被吸引過來，而且想要實現的願望都順利實現了。

我非常喜歡《高年級實習生》這部電影，已經看過不下數十次。有一次，同樣愛看《高年級實習生》的朋友打電話來。「也許我已經變成安．海瑟薇了♪」她開心地說道（※安．海瑟薇是飾演《高年級實習生》的女主角）。

她一直希望能像電影演的一樣，超越性別及年齡的隔閡，被一群幽默善良的人環繞，在充滿活力的職場裡工作。但在現實中，卻是終日忙碌不停，日復一日到人際關係淡薄的公司上班……。雖然理想與想像相差甚遠，總之她打算試著將自己當作是那部電影的女主角來度過每一天（確實完全入戲了）。

只是暫時將自己當成安．海瑟薇，周遭一切都沒有改變，但在年度開始的某一天，她的公司卻突然政策大轉彎，開始有幾名銀髮族打工人員加入公司行列。

「這些銀髮族，大家真的都很好。雖然我們也會教他們工作，不過我們也從他們身上學習到很多，每天都獲得很好的刺激。與他們對話時也是幽默感十足，無意間發現大家都是笑著在說話，實在叫人好驚訝，真的愈來愈接近我渴望的理想職場了！我覺得，這絕對是因為我完全化身成安．海瑟薇的關係。感覺過陣子身材也會變得像她一樣，讓人好期待～」

沒想到後來收到了她的電子郵件，內容寫道：「我每天都過得很開心，還瘦了三公斤喔！」

你想要實現的願望，如果已經實現了，今天你會用怎樣的心情度過呢？

今日的課程

◆每天當自己已經實現願望！◆

●想想看在日常生活當中，有沒有不自覺變成了悲劇中的主角

如果你真的會這樣，請你用堅定的語氣告訴自己：「今天就要擺脫這個角色！」第一步只要下定決心就行了。你並不是可憐人。從現在開始你會受到許許多多的讚賞，是個願望已實現的幸運兒。

●試著想像一下願望實現的人是怎樣的感覺

不太明白是什麼感覺的人，也許可以想像一下你覺得「很棒」、「看到就會精神振奮」的人是怎樣的感覺。用這些感覺當作參考，每天十分鐘左右，當作自己是「願望實現的幸運兒」度過這一天。相信你的走路方式以及口頭禪也會逐漸變得不一樣。等到你快樂起來之後，要不要試著再稍微延長一些想像的時間呢？

今日的
貼心小語

✦

漸漸地，想像中的你
就會開始和眞正的你重疊在一起。
「奇怪了？我之前是散發這樣的氛圍嗎？」
「感覺眞不錯！」
當你照鏡子會出現這種感覺的時候，
就是願望實現的先兆。
「試著完全當自己是願望實現的人
過日子（扮裝遊戲）。」
藉由這種遊戲，
讓你的重要心願加速實現之後，
肯定快樂無比！

（專欄2）戰勝執著與不安的十步驟

人對於想要實現的願望都會十分執著，而且人還是一種會無意識選擇陷入不安狀態的生物。

因為不想受傷，所以總是張開屏障，暗中觀察情況的也是自己。不想失去、不想被拒絕，於是一直沒將真心話說出來的也是自己。

事實上無論是已經實現的願望，或是一帆風順的事情，明明就不可勝數……。坦白說眼前感恩的事情，其實也不在少數……。

愈是執著的強烈心願或想法，在人的心中就會衍生出不安及恐懼。

但是接下來的人生，你一定不會想要一直懷抱著不安及恐懼度日吧。如此沉悶的心情，肯定很想好好擺脫吧。

現在就要來為大家介紹，經我親身實證的「戰勝執著與不安的十步驟」。

步驟 1 執著也無妨♪

遇見熱愛的事物、想要實現的願望，甚至到了執著的地步，就盡情歡喜吧！

步驟 2 放下♪

承認「我就是如此執著」、「我一直覺得相當不安」，然後坦誠面對、將錯就錯，放任這種情形。對於執著及不安，現在大可不必想辦法處置。

步驟 3 某一天，心情突然變輕鬆♪

這天就是放下執著的瞬間。當你超級熱愛某事物，大可盡情投入！就是要像這樣，對於想要實現的願望全力以赴。如同抵達執著的終點一樣。

步驟 4 正視不安&恐懼♪

放下執著後仍然會出現的不安與恐懼，請不要將這些情緒視為有害。會不安、會恐懼都是很正常的事，因為是第一次遇到這種情形。試著完全接受並正視自己的情緒。

步驟5 為什麼會不安？為什麼會恐懼？了解不安與恐懼的原因♪

真正的答案只有自己知道。「這些不安的根本原因為何？什麼事這麼可怕呢？」試著捫心自問之後，也許就會找到答案。

步驟6 儘管如此還是想實現願望嗎？再次確認自己的想法♪

在這種情形下，還是想讓願望實現的話，真的是件很美好的事情。到了這種地步，你就能戰勝無形的不安以及負面想法了。還差一點點了。

步驟7 放下♪

這段期間，你會開始出現心煩意亂的感覺，像是「雖然想實現願望卻感到很害怕」、「明明應該很幸福卻又心亂如麻」，不過暫時無須理會這些感覺。最好不要勉強自己處理這些情緒，所以請放下吧。

步驟8 受傷也沒關係……改變態度♪

到了這個地步，已經沒什麼好害怕的了！你堅韌不撓的個性贏了。

就算會受傷，到時候再去擔心就好，即便現在覺得很難克服，但是未來的你會變得更強大，也許你將意外地輕鬆克服這一切。

步驟9 做好會受傷的心理準備後馬上鬆了一口氣♪

人是很不可思議的生物。只要心情放輕鬆，想著也許船到橋頭自然直……出事的話到時再想辦法……這樣就會變得愈來愈輕鬆，感覺真的一切都會沒問題。

等到不會害怕受傷的時候，想要實現的願望，會比現在變得更吸引人，讓人更快樂。這樣一來，這個步驟就會變成「將快樂的事情吸引過來」的步驟！

步驟10 可以享受現在與未來的人生，願望實現♪

無論有沒有實現願望，一定都會很快樂。但是老實說，保證你會實現願望！

只要這麼想，願望肯定會逐一實現。

到了這個地步，不管發生什麼事都不要緊了。

無論是執著或是不安，都已經完全克服了！非常恭喜你！

只要事先學會這十步驟，不管任何時候你都能平心靜氣。

縱使你有了新的願望，產生新的執著及不安，只要再次正視自己的情緒及真實想法，自己好好克服就行了！

當你明白自己做得到這點，就沒什麼好害怕的了。

WEEK 3

行為改變未來
就會進一步改變

DAY 15

試著不吝於常說「謝謝」

今天的課程非常簡單，只要將注意力放在真正期盼的事情上，並提醒自己用適當的語言表達出來，你的願望就不會背叛你，會讓你如願以償。

如果疏忽這點，注意力將不自覺地，反過來朝向不希望發生的事情，還會刻意說出不想說出口的話，將不是心中所願的事情吸引過來，掉進「我的願望很難實現，事情沒那麼簡單！」這種不滿的迴圈中。

你的想法、你的行為、
你說出口的話，

將回饋到你身上。

這就是重中之重的重點。

我非常推薦大家，要好好掌控吸引力法則時，就要說**「謝謝」**二字。

我想很多人都知道，想要提升運氣，最好要多說「謝謝」，這時候內心會充滿感激，自然會有更多好事發生。

與其面無表情毫無情緒地說上幾百次「謝謝」，倒不如你對某人充滿感激地道聲「謝謝」，這樣更能吸引到加倍的好事發生。

這幾年，我推出了一個「沖繩二人行」的活動（從二〇二〇年開辦，目前因為新冠病毒肆虐而暫停活動中）。

這個企畫，是讓我和顧客兩個人，在沖繩本島自由行玩透透。租車自駕及導覽皆由我來負責，所以我和顧客可以從南聊到北，同時讓顧客像公主一樣享受旅程，在這段旅程期間，經常有顧客跟我提到一件事，他們說：「真紀子，不管在何時何地，妳

DAY 15

一定都會將『謝謝』二字掛在嘴邊呢！」我自己壓根沒注意到這件事，不過只要和別人接觸時，我都一定會習慣說「謝謝」。

「會那樣輕易將『謝謝』說出口，是因為已經養成習慣的關係嗎？」顧客還會這樣問我，我想大概就是如此。

我以前很怕生，不擅長與人相處，一直覺得盡量不要言語交談，迅速離開現場最好。

像現在這樣能夠開口說「謝謝」，是因為有一次讓我意識到這點，才會下定決心試看看。

不吝於說「謝謝」之後，自然會吸引到更多想讓人說「謝謝」的事情來到身邊。

我想當初應該是在哪裡聽到了這段話，才會造成我的轉變。

不管是不是不擅長與人相處，不管會不會怕生，就在我決定開口說謝謝，而且起初只是試著刻意說謝謝之後，過沒多久，「謝謝」二字便逐漸脫口而出了！

習慣說謝謝之後，又讓我能夠吸引感恩的事情來到身邊。與他人之間的關係也變好、變輕鬆了，諸如此類的神奇效果甚至緊隨而來。

說「謝謝」不費吹灰之力，善的循環卻無遠弗屆！

向他人說「謝謝」，你並不會有任何損失。在你養成習慣之前，或許你會納悶「為什麼只有我一定要說『謝謝』？」或是心想「我也很希望別人向我道謝……」。儘管如此，這時請你還是要用堅強意志加以克服，試著相信「謝謝」的力量。

這麼做，絕對不是在強迫你忍耐，也並非在貶低你。你所做的一切，都是為了你自己，才能將幸福吸引到身邊來。

今日的課程

◆說「謝謝」！◆

讀完這一篇之後，試著向你接下來會遇見的人說「謝謝」吧！不管任何用意的「謝謝」都沒關係。就算你無法向接下來遇見的人說出口，此時也不要放棄，請試著向下一個人說說看。

沒有任何事值得你道謝的時候，不妨試著在離去時隨口說聲「謝謝」吧？只要養成習慣，對你來說將成為一輩子的禮物，變成神奇的魔法咒語。

無法當著某人的面說謝謝時，或許在電子郵件或是用 LINE 聯絡打招呼時，試著加一句「平時多謝你了」也不錯。

第一天、第二天、第三天這樣持續做下去，漸漸地你就會一天比一天愈來愈常說「謝謝」，而且相信你會發現，你能夠吸引到讓你充滿感激的事情來到身邊。敬請期待吧！

今日的
貼心小語

✦

「謝謝」二字會引發的奇跡，
完全就像《稻草富翁》
這篇童話說的一樣。
愈常說愈有收穫、
讓人一天比一天更幸福的神奇語言，
將豐富你的人生。

DAY 16

讓「一心多用的行為」踩煞車

「並沒有特別惹人厭的事，也沒有格外不安的事情發生，可是最近卻會莫明覺得累，全身懶洋洋又淺眠。這種感覺導致我很難開心地過日子。」

不知道從什麼時候開始，來向我諮詢這類問題的人變多了。

現在這個世界，生活十分便利。尤其是智慧型手機上市後，多工作業變成家常便飯。可以有效運用時間的事情，被視為是一石二鳥。

我自己也很擅長「一心多用的行為」，會一面燉煮料理一面讀書、邊和家人說話邊整理資料、泡澡的同時用手機追劇、吃著零食看日誌手帳調整行程……多工作業說起來很好聽，其實根本把投機取巧的事當成理所當然。

我久久寫一次「十年日記」時，打開厚厚一本日記後發生了一件事。

「咦？今天白天我做了什麼事？昨天晚餐吃過什麼？」

「我記得有人拜託我做一件事，究竟是什麼事呢……？」

以前我的記憶力特別出眾，但是當我感覺徹底失去自信時，突然想到一點，莫非是過度多工作業導致大腦疲勞了。

大腦疲勞，會讓人提不起勁，而且就算身體是睡著的，說不定大腦還是處於興奮狀態，並沒有在休息。話說回來，總覺得最近像以前那樣，會讓人感動還有興奮的事情也變少了。

這種情形，一定要想辦法解決才行！

因此第一步，就是刻意停止多工作業（一心多用的行為），試著轉換成單工作業（專心一志）。這麼做之後，我的心情馬上平靜下來，吃飯變得津津有味，也能夠安穩入眠了。此時我才發現到一點，原來便利的生活與幸福的程度，並不是成正比的關係。

事不宜遲，我將這件事告訴文章開頭的那位顧客之後，「我也是已經習慣同時做兩件事了。現在我要暫時停止這種一心多用的行為試試看！」她這樣回我。

大約過了一個星期之後，她語帶興奮地跟我說。

「我想起很重要的事情了。看來我連有願望想要實現的這件事都給忘了。最近我有好好吃好好睡，就像回到小學生時代一樣，生活過得很單純。雖然有時候還是很忙，不過我已經下定決心，至少不能在吃飯或喝茶的時候，還在一邊滑手機！這麼做之後，我不但可以充分品嚐到食物的風味，還能記住這些感覺了。」

相信大家有時候真的會分身乏術，身陷莫可奈何，「沒時間所以得同時進行！」的局面。可是，這種情形周而復始，疲勞真的會加倍。而且，除了會令人筋疲力盡之外，還會造成「感覺能力」衰退。

「感覺能力」對於想實現某些願望還有發揮吸引力時，是相當重要的一環，就是所謂的第六感。「靈光一閃！」這樣的感覺要是變遲鈍，那可就糟了。

DAY 16

一邊忙著滑手機一邊吃飯，恐怕會吃不出味道。與人碰面時，卻忙著和第三者傳訊息，可能雙方在聊什麼，對方的表情如何，或是穿著怎樣的服裝，都會想不起來。也許一回神竟發現杯子已經見底了，可是咖啡的濃郁香氣卻完全沒有品嚐到。

雖然每一件事都是無心之過，但是我們確實造成感受當下的能力衰退了。拋下開心、快樂、美味、愜意這些感覺，注意力被其他事情搶走時，我們甚至無法發現當下感覺幸福的事情。

本來會喜不自禁地覺得「這塊蛋糕真美味」，進而吸引到喜不自禁的事情來到身邊，但是被事不關己的事情奪走注意力之後，這塊蛋糕的味道及香氣便無法獲得你的關注，結果也就無法吸引喜不自禁的事情到身邊來。這樣實在很可惜吧。

今日的課程

◆試著停止「一心多用的行為」！◆

就算很難每天完全排除「一心多用的行為」，至少可以減少這些情形。漸漸地你將會發現，內心會變得輕快起來喔。請依照下述步驟來做做看吧！

- **先試著找出你最擅長做的「一心多用的行為」**
- **從現在開始二十四小時內都要停止「一心多用的行為」！下定決心後當天就來試試看**
- **經過二十四小時之後，提醒自己盡量減少「一心多用的行為」生活看看**
- **讓五感變敏銳之後，試著去體會開心、快樂、美味、感激、幸福……等等的感覺**

這些感覺，將為你帶來全新的幸福。

今日的
貼心小語

✦

最初的二十四小時，
也許你會閒得發慌、坐立難安，
但是克服這些之後，
身心都會變得輕快起來喔！
好好享受當下吧！

DAY 17 空下十五分鐘用來充電

「運氣好的人，是怎樣的人呢？哪裡不同呢？」

在某場講座上，K小姐就這樣單刀直入問了我這個問題。「我想變成幸運兒！」

即為當天談論的主題。

確實很想知道吧。

明明大家都一樣生活在這世上，有人卻是人生常勝軍。

有人總是看起來很快樂且生氣蓬勃。

哪裡不同呢？這裡頭存在什麼秘密呢？

開始去思考這些問題之後，羨慕的心情一湧而上……。

透過這些活動，讓我有機會能夠見到許多人。在這當中，也有一般俗稱「好運的人」，像是「含著金湯匙出生」、「有幸接受理想的教育」、「具備潛在特質」等等。事實上大家都會跟這些人說，好好喔……好羨慕……這類的話，但是我並不認為這些人什麼都沒做就能如此好運。

舉例來說，含著金湯匙出生這件事，或許在起跑線的階段的確運氣很好。天賜良機或是具備才能這種情形，也是與生俱來的好運。但是，**運氣這種東西，如果置之不理或是不好好珍惜，就會像泡影一樣輕易消失。如果沒有與這些好運匹配的力量，就無法長時間維持一直好運的狀態。**靠樂透一獲千金成為大富翁的人，幾年後變成身無分文的例子時有所聞，我認為這並不是好運用盡了，只是掌控這些好運的力量不足所致。

DAY 17

運氣好的人，是能夠一直珍惜好運在手的人。是具備維持好運這種力量的人。

從現在開始你會一直抓住絕佳的幸運，所以希望你一定要培養出維持這些好運的能力。持續善用好運，同時還能一直增加好運，凡事都不必擔心了。

為了做到這點，你能夠做的事情其實很簡單。

每天，都要給自己力量（充電）！

你可以想像成手機在充電。不管是多方便、多優秀的高性能手機，電力耗盡之後，便無法發揮它的效力。電量掛零關機後再開機，這時會很花時間，但是在電量掛零前剩百分之十或百分之三十的時候充電，就能緊接著繼續發揮它的能力。這點和我們人類一模一樣。

不要過度拼命至精神體力到達極限。感覺累了就稍微放鬆一下。好好慰勞自己的內心。

要做的事堆積如山分身乏術、沒有多餘的時間，這些我都很清楚。但是，正因為如此，倘若我們沒有刻意提供力量給自己，某一天恐怕會突然在某處完全斷電。

找到時間就休息……並非如此，而是要將順序顛倒過來。

提醒自己要休息！好好恢復精神！

這段充電的時間，會是打造你成為幸運兒的時間，使你養成維持好運永不改變的能力。

一天十五分鐘就行了。請你無論如何都要空出時間，讓自己的內心能夠喘口氣。不管是發呆也好，抬頭眺望天空也罷，也可以讀書、做做伸展操，甚至是吃零食、將想法寫在日誌手帳上，為自己所做的任何事情，都能幫自己充電喔。

今日的課程

◆充電十五分鐘！◆

「如果你在接下來這兩週的時間內，每天都能給自己十五分鐘的自由時間，兩週後就能獲得一百萬日圓（約二十五萬台幣）的獎金。你敢來挑戰嗎？還是不敢呢？」

決定好了嗎？當然會來挑戰對吧！不管怎樣，一天都會擠出十五分鐘的自由時間來吧！也就是說，其實你可以空出專屬於自己的自由時間，絕非不可能。

請將這十五分鐘當作充電的時間，自由運用吧！

並不是等到時間空下來之後，再來決定做什麼，建議大家要事先計畫好，「將〇點〇分到〇點〇分訂為充電的時間」，並且事先記在日誌手帳上，或是在手機上設定好鬧鐘。

為你自己，安排這無上幸福的時刻吧！♪

今日的貼心小語

✦

區區十五分鐘……雖然只有十五分鐘。
卻是能助你成爲幸運兒的關鍵時刻。
每天都要提醒自己充充電！

DAY 18

試著認真花錢

很多人應該都聽說過這句話，**「愈花愈有錢」**。我年輕時就知道這句俗語，心想「這樣太棒了！既然如此，我要大花特花！什麼東西都要買回家！」於是得意忘形，一擲千金，實在是個痛苦的回憶。

那時我滿腦子納悶著，「錢都花了怎麼沒有變有錢？」而解開這疑問的關鍵，我在接下來的幾年後才發現。

整件事全起因於朋友的一句話。年底和久未碰面的朋友聚餐時，友人B突然說了這麼一句話。

DAY 18

「我在這一年內，花了一大筆超乎想像的錢唷！」

引起在場一夥人一陣譁噪。

「真的嗎？！大概是多少錢？」

「從小我就很愛存錢，不管是壓歲錢還是零用錢，幾乎都存起來了。小時候還會看著存摺偷笑，是個很怪的小孩。出社會開始上班後，除了最起碼的生活費之外，其他也是全部存起來。後來將這些存款一口氣全部花掉了！！」

「一口氣全部花掉？！」

「沒錯，大概有一千五百萬日圓（約三百八十萬台幣）左右吧。雖然存款變零時有些焦慮，不過能像這樣開心地把錢花掉，也是我的頭一遭！」

我們對這筆金額感到震驚不已，所以繼續向她探聽詳細的來龍去脈。

那時候，每到週末享受當天來回的旅行是B的興趣。她心想，總有一天要住在大自然懷抱的地方，遠離都市！看來當時她就有這樣的夢想。某個春日，她來到一個一

DAY 18

直很喜歡的地方散心……。

「我好喜歡那裡，甚至喜歡到起雞皮疙瘩了！」

莫明且不可思議的衝動突然萌芽，她實在很想在那個地方有棟別墅，於是便趁著這股勁上網查詢了房仲網頁，沒想到還真的有別墅在出售，於是馬上買了下來。

「幾乎近似衝動購物的感覺，裝潢費的部分因為存款不夠，後來還借了貸款，不過這整件事已經無可挑剔了！我完全不會後悔。」

「但是存款變零，難道不會感到不安嗎？」

「我倒沒有太多不安喔。甚至覺得，我是真心想買這棟別墅，而且把這些錢花在能讓自己如此認真的事物上，感覺總算『得償所願』。」

友人B若無其事的神情，令人印象深刻。

隔年，她開始以這棟別墅為據點，僅在週末展開了創作活動，不過陸續發生幸運的事，還有幫助她的人出現，工作上的委託愈來愈多，單靠週末時間創作根本來不及交件。於是，最終她辭去了長久工作的公司，自行創業了。

「那時候花掉的錢，一下子就回來了！」

認真花錢就會愈來愈有錢！

愈花愈有錢的真相，其實就在這裡。少了「認真」，用半吊子的態度花錢，也許並不會有如此期望中的回饋。

花錢時要「一一認真看待！」

不管是買什麼東西的時候，無論是付什麼錢的時候，此時都有值得感激的事，當你能夠描繪出美好的未來，錢就不會消失。即便錢看起來好像瞬間減少了，但是又會再賺進來。反之，思慮不周全或是在意他人眼光，因為面子問題而花錢、為了紓壓而血拼這類的行為，從今天開始你的錢就會愈花愈少。

你認真的想法不會背叛你，請你放心地花錢吧！

今日的課程

◆錢要認真花！◆

從今天開始，花錢的時候要在心中宣告：「這筆錢我會認真花！」有些猶豫時，哪怕是一塊錢也不要花！

請你試著用這般堅定的意志看待金錢。

金錢會與你的想法連動，反覆增加又減少。不要被金錢控制，請你要記住你是站在控制金錢的立場來花錢。

今日的
貼心小語

✦

你決定要「花掉」的錢，
並不是浪費，會對社會有明顯貢獻。
光明正大地認真花錢吧！
你認真的態度，
相信金錢一定也會回報你。

DAY 19

用愛去對待眼前每一個人

「人」才會帶來幸運。無論是機會或金錢，也都是經由人才會得到。

人存在這世上，會為彼此帶來影響，所以「遇到某人」之後，「與誰產生關係」，將大大左右我們的命運。

我們或許都明白這一點，所以我們才會渴望像泰劇《Until We Meet Again》這樣，希望在認識其他人時，「遇見對的人」、「結識凡事聊得來的終身好友」。

但是命運的邂逅，究竟在何方呢？

會從何處降臨呢？

「美好的邂逅我已經等了好多年了，卻完全遇不到理想中的人，一直覺得很寂寞。」

I小姐嘆了口氣這樣說道，她嚮往著幸福的婚姻生活，這三年來一直很努力參加相親活動。

「我是名護理師，工作環境不但幾乎全是女性，患者也都是老人家，沒機會認識其他對象。所以我相親過好幾次，也很積極參加聯誼派對，但是一切都進展的很不順利。即便覺得對方不錯，但不是彼此的婚姻觀有落差，就是自己無法想像和這個人生活在一起的模樣。也有人勸我，必須在某些地方適度妥協才容易找到對象，但是有些地方我還是不能退讓。」

「I小姐希望哪些地方不要退讓呢？」

「價值觀以及生活模式當然是我考量的重點之一，不過我也很在意外表。每個人不是都會有偏好的長相或風格嗎？雖然我沒立場去對別人評頭論足，可是第一眼看到對方的臉，感覺大概已經知道結果了。我這種個性，是不是不太好呢？」

「不會不會。我認為要重視這種坦率的感覺喔。只不過，有一件事我有點好奇。」

DAY 19

「咦？是什麼事？」

這部分我自己過去也曾經認真反省過，所以十分清楚，就是I小姐有一種習慣，會在認識別人的瞬間立下判斷。

也就是說，與朋友介紹的對象見面那當下，發現感覺哪裡怪怪的……不是自己喜歡的類型……時，在自己心中會當機立斷覺得「跟這個人沒有緣分」、「這個人不是對的人」，當場將無形的紅線給完全斬斷。當然並不會告訴對方「我和你從此無緣」，而是在自己心中認定不是這個人，將一切當作沒發生過。做了這個決定之後，與這個人的故事幾乎也就宣告結束了。

但是說不定，這個故事還會有續集。

我會發現到這一點，已經是幾年過後的事了。

人與人的相遇，其實隱藏著許許多多的含意，你會遇到命運中的那個人共度人生，也會遇到為自己帶來命運中那個人的「貴人」！如今我十分堅信有這種事。

貴人並不會在相遇的瞬間產生感應，或許也不會出現興奮的感覺。也就是說，有時會是「你不喜歡的類型」，或者並非異性。

這種情形也許可以形容成，類似《白雪公主》中登場的「七個小矮人」這般存在。遇見命中注定的那個人（王子）之前，在迷路的森林裡遇到了七個小矮人。對於白雪公主來說，這些小人們應該不是會動心或喜歡的對象。但是和眼前的小人們一起度過了溫馨的日子之後，白雪公主才能吸引到與王子共度的未來。

如果白雪公主對七個小矮人很冷漠，斷絕一切關係，故事說不定就會有不同的發展。

「這個人不是命中注定的那個人，也不是我會喜歡的對象。但是現在會在這裡相遇，也許存在某些意義。」

與某人相遇時，心裡若能存在一丁點這樣的想法，不覺得看待對方的感覺以及態度也會有所不同嗎？

現在，你要對眼前的人和善以對。這麼做看似簡單，說不定做起來非常困難。但是眼前的這個人，對你來說也許會是個「貴人」。

當然，**有些人即便你溫柔、體貼地對待，還是無法與對方相知相應。明白這點之後，要自信地告訴自己「該做的都做了！」然後就此結束也並非壞事。**我的想法就是如此。舉例來說，即便有些人我很喜歡，有些人我很討厭，但是我下定決心，一定要由自己先向對方打招呼，結果會讓自己的心情變得很舒暢，感覺「自己今天做到了能力所及之事」。

我把這個經驗談，告訴正在參加相親活動的I小姐之後，「也許之前我只會去關心，『這個人是不是我命中注定的那個人』，現在我要試著珍惜每一天出現在我眼前的人。」她笑著跟我說。

在那之後沒過多久，我便收到了I小姐的好消息。

「我工作的醫院，有名長期住院的高齡患者，我和這名患者閒話家常時，發現他孫子和我居然是同學。這個人以前是足球社的隊長，所以我印象很深刻。最後我跟這名患者說，既然這麼有緣，也代我向他孫子打聲招呼，隔一週後這個同學來院探望，我們才久別重逢。我和他實在很不可思議，居然可以很自然地談天說地，後來兩個人便開始約會，變成男女朋友了！」

人與人的相遇、人與人的關係，真的是很不可思議。

人生只有一次的機會，要好好把握當下。

今日的課程

◆珍惜相遇的每一刻！◆

- **舉凡家人、朋友以及同事等等，每天會一起度過的人，都要體貼對待更甚以往。**也許彼此會相遇存在著某些意義，用這樣的心情去看待之後，內心自然就會柔軟起來。而且仔細觀察對方也很重要。
- **說不定會有「貴人」出現！秉持著這種想法，環顧四周，看看會想到什麼人。**或許會發現至今從未察覺到的事情，或是吸引到美好的契機來到身邊。
- **提醒自己先面帶笑容打招呼。**你的笑容與說出口的話並不會白費。肯定會成為讓你笑逐顏開的事情，回到你的身邊。

今日的貼心小語

✦

自己改變，對方也會改變！
獻上溫柔，溫柔就會重返身邊！
這種奇跡，
會發生在與你緣分深重的人之間。
十分值得一試吧☆

DAY 20

試著停止思考

不順利的時候，人都想要知道原因為何。

埋頭深思「為什麼會這樣」，責怪自己「哪裡做不好」。

但是心情沮喪時，不管你再怎麼想破頭，還是很難得到一個合理的答案。

不順利的時候、打不起精神來的時候、不知道有何意義的時候。

這種時候，**倒不如停止思考（放棄）**，**試著依順直覺過日子看看吧？**一直到你出現「早知道這樣做也許比較好！」的想法之前，先擺著不要去管它，就像這樣的感覺。

一開始的時候，或許會出現焦慮的情緒，但是當你知道**「放任不管反而到最後才**

會順利進展」，未來的人生就會變得非常輕鬆。

在我們思考著該如何解決問題的時候，會從過去累積的經驗，還有目前現有的情報中做選擇，套用到現狀當中，「看看這樣會如何」、「試著這樣做做看」。雖然很想要有什麼改變，卻總是演變成相同的結局，我想這都是因為我們一直在輪番運用腦中守舊資訊的關係。

可是，答案說不定存在截然不同的地方。今後將這些答案吸引到身邊來，也會是很有趣的一件事喔！

R小姐之前換過好幾份工作。雖然與職場上人際關係不佳也脫不了關係，不過最主要的原因，其實是因為她不知道自己真正想做什麼，當她開始思考這個問題之後，一直說「感覺目前的工作不是我想要的」，於是突然就對工作失去了熱情。聽說「下一個工作一定沒問題！」這句話，她已經說過好幾次了。

「只不過，結果總是一樣……。一直不知道自己想做什麼？做什麼才會感到滿足？只有年紀不斷增長。我自己也知道再這樣下去是不行的。但是，任憑我想破頭，還是

DAY 20

不知道做什麼才好。找不到自認為有意義的工作，這件事一直困擾著我。可是為了生活下去，又不得不工作。」

就在R小姐向我訴說這些煩惱的期間，她似乎也一直在思考什麼的樣子。

於是我向她提議：「暫且試著停止思考吧！」

「這樣我做不到。因為我一直很在意這件事，所以總是占據我整個思緒……。」

R小姐不知如何是好地說道。

「正因為如此才要這麼做！**妳一直有事掛心，注意力總是放在那裡，這些在意的事就會一而再，再而三被吸引過來。**現在的妳只會跟我聊過去工作不順心的事，所以不管妳再怎麼想，還是會感到不安。不如就趁現在讓運勢全面翻轉吧！」

我這樣跟她說。

「妳說的沒錯，不管我再怎麼努力想破頭，還是不會感到安心。既然如此，我就來試試和以前完全不一樣的做法。」

她如此說道，然後決定從現在開始要來進行停止思考的實驗。

停止思考，其實也就是專注於「當下」的意思。

老想著換工作的R小姐，並無法集中精神在「眼前現有的工作」上。就連「眼前現有的同事」，似乎也不太會去關心或是放在心上。

這種情形，我覺得在我們的日常生活當中也是經常發生。因為一旦有事掛心，必定會演變成心不在焉的狀態。

於是R小姐告訴自己，首先要停止想東想西的行為，將注意力放在眼前的事物上，一舉一動都要做得比平時更用心。「沒想到才過了三天，自己的內心就出現了某些變化。原來一直以來，我都無法活在當下。不知道以前在胡思亂想什麼，如今所見所聞都變得十分新鮮，叫人不敢置信。」

就像這樣，每隔幾天她就會向我回報她的變化。

接下來，經過約莫兩個月之後，R小姐已經吸引到答案來到身邊了。

「明明先前一直那麼想要換工作，但是試著停止思考之後，竟出現了隨遇而安的感覺，現在變得很快樂。就在這個時候，公司分派一個重大專案給我，我同樣試著不

DAY 20

作多想並專注工作之後，竟然成果斐然。讓大家開心的時候，我感到非常滿足。難道成就感就是這麼一回事？也許是因為我在這家公司還能有所貢獻，所以換工作的事才會進行得不順利。當我試著將換工作這幾個關鍵字，從自己心中剷除之後，鬱悶心情便豁然開朗，覺得很充實，真是不可思議。現在我決定再撐一下，繼續在這間公司快樂地工作看看！」

「再怎麼想還是想不通的時候，試著停止思考。」

意想不到的答案出現時，也是很有趣的一件事喔。

今日的課程

◆試著整整三天停止思考！◆

❶ 從現在開始，包含今天在內這三天的期間，都要停止努力思考某些事情

凡事都有正反兩面。如果要將下述四個偏向負面思考的例句，「轉變」成正面思考，該如何表達才好呢？大家一起來思考看看吧！這就是所謂的「轉念術」。建議大家寫在紙上會更容易進行。

❷ 可以配合自己想做什麼就做什麼

「好累！」→「不如休息十分鐘吧？」

「好想吃那個冰淇淋啊！」→「回家路上去超商買來吃吧？」

停止思考的期間，請盡量依順你的直覺。

這會有什麼意義嗎？這種行為會造成什麼影響嗎？

快要像這樣開始思考的時候，重複進行❶的課程。試著停止思考之後，自己的真實想法就會不斷顯露出來，所以不妨好好享受這種感覺。

❸即便如此還是出現了讓人在意，或是引人思索的事情時，可以寫在便條紙貼在桌子或電腦上

「並不是要忘記這些事情，只是暫時將這些事情放下」，就像這樣的感覺。製作美味麵包的關鍵，就是讓麵團靜置使之發酵。我們掛心的事情也是一樣，暫時放下，才會出現更恰當的解決對策，或是獲得合宜的幫助，最後才能成就美好的結果。請你放心吧。沒問題的。

今日的貼心小語

「時間會解決一切。」
在這世上，類似情形屢見不鮮。
沒必要現在拼命想出解決對策或答案！
順其自然放心休息吧！

DAY 21

大膽嘗試靈光一閃的事情

我們人類，似乎具有不可思議的能力。

「第六感」、**「奇妙預感」**、**「忐忑心情」**。

這些名詞，感覺都是用來形容會發生不好的事情，事實上，奇妙預感或是忐忑心情也能用來描述好的事情。

假如我們能夠善加活用與生俱來的神奇力量（直覺力），應該可以更輕鬆地吸引到更好的機會、實現重要的願望。

關於這種直覺力，有一段趣事讓我津津樂道。這是初期我開始從事這些活動的時候，發生在一位顧客身上的故事。

「我覺得自己長期以來一直用忙碌作藉口，否定自己的想法。」

聽S小姐這麼說之後，從我的角度來觀察，也覺得她的直覺力變遲鈍了。那時她上餐廳點菜，真的是一付選擇困難的模樣，「不過並不是什麼料理都想吃，所以不知道怎麼點餐，而是不知道自己現在想吃什麼，所以無法下決定……」。她甚至還說：「就連朋友邀約，也不清楚自己究竟想不想去，好幾次都不知道怎麼回答。」

我認為，**人與生俱來的直覺力，就是「用來吸引幸福的力量」**。當這種力量變弱時，新事物就會很難來到你身邊。

就像S小姐一樣，愈來愈搞不懂自己在期望什麼，過去明明不是這麼優柔寡斷的人，現在甚至會變得無法相信自己。

因此我推薦給S小姐的，就是強化直覺力的課程。

我請她督促自己，**「大膽嘗試靈光一閃的事情」**，喚醒與生俱來的神奇力量好好磨鍊，用這樣的感覺來度過每一天。

DAY 21

完全將注意力放在自己身上之後，每天就會出現好幾次「靈光一閃」的瞬間，譬如「突然想知道那件事有何進展」、「忽然很想吃那個東西」、「那件事令人很好奇」、「最近總會突如其來想起那個地方」等等……。

如果沒有留意，也許全是些會讓人直接遺忘的小事情，但在這些小事情當中，有些卻隱藏著大大改變人生的契機。

「雖然不知道會如何，總之先做再說」。

因為奇跡般的美好際遇，大多源自於直覺與行動。

從此S小姐開始盡可能督促自己，「大膽嘗試靈光一閃的事情」。

工作時沒辦法做工作以外的事，所以在工作場合能夠做的事情有限，不過讓她耿耿於懷的事情，她都會記在筆記本上。

早上一想到「今天要來做便當」，便帶著親手料理的便當去上班，有時在午休前一刻想到「義大利麵！咖哩！三明治！」就會到餐廳去吃或是買回公司吃（聽說以前S小姐都是在同事邀約之下，才會到辦公室附近的咖啡廳或餐廳用餐）。

這種每天午餐吃什麼的選擇，似乎對S小姐造成很大的刺激，她還跟我說：「感覺自己的願望每天一直在實現，變得很快樂。」

這樣的生活持續一個月左右之後，有一件事讓她很在意。

「我和這個人還真是有緣呀！」

因為她午休時，碰見過一個人好幾次，感覺和這個人變得很熟悉。以前就知道對方是同公司的人，只是部門不同，所以不曾好好與這位先生交談過。每次S小姐帶著便當到樓頂吃的時候，正巧那個人也在吃便當；午餐想吃些輕食結果走進咖啡廳後，據說那個人也會在店裡。甚至在烏龍麵店排隊時，沒想到那個人同時也排在幾個人前方的位置！

起初一直以為是偶然，覺得很有趣，但是這種偶然已經接連發生過好幾次，對方似乎也察覺到這點，聽說曾來向S小姐攀談：「我們還真常碰面呢！」

「我通常每天都是靠直覺選擇想吃的東西……。」S小姐一臉不好意思地回答，結果對方說：「我也是一樣。」

從此之後，兩人交談的機會變多，加上週末還會約出去邊走邊吃，隔年便步入禮堂了。

「現在還是待在同一家公司，不過午休時習慣分頭去吃想吃的東西（笑）。」

人生是一連串的奇跡，充滿戲劇化，不過這些奇跡全來自於「嘗試去做你靈光一閃的事情」、「以直覺為準則的事情」。

讓這種力量睡著，實在很可惜呢！

今日的課程

◆試試看順著直覺走！◆

- **將注意力放在突然想到的事情上**。平時會直接錯過不當一回事的事情，請像鸚鵡學舌一樣，重覆一次「剛才想到的事」，將這件事放在心上。
- **「現在應該辦得到！」的事情，盡早付諸行動**。

「好想吃布丁啊」→「平常會等到明天再吃，既然現在就做得到，不如馬上去超商買買看！」

「好想去南方島嶼潛水呀」→「雖然沒辦法現在馬上去，不過可以觀賞大海與魚群的影片讓自己神遊一下」。

就像這樣，不要忽視自己的直覺是很重要的事。

今日的
貼心小語

✦

直覺的力量，
遠比你想像得還要美好。
會不斷傳送信號給你，
好讓你得到幸福。
實在好感恩呢☆

（專欄3）不想放棄的事情就不要放棄

「放棄之後願望就會實現，這是真的嗎？」

時常有人向我提出這個問題。

並不是「放棄之後願望就會實現」，而是「放下執著之後願望就會實現」。

這部分很容易搞錯，希望大家要心裡有數。

舉例來說，和朋友閒話家常時，有時會隨口提到「那件事是不是該放棄了」等等的話，但是那時是否真心打算放棄，坦白說絕大多數的人都不是如此。

很痛苦所以才放棄、不會實現所以才放棄、覺得自己太悲慘所以才放棄——當你打算放棄的時候，說不定只是想要逃避而已。

面對想要實現的事情已經累了的時候、面對無法實現的事情已經累了的時候，都會讓人萌生想放棄的衝動。但是……**如果真的是無所謂的事情，就不會特別表示要「放棄」了。**

當你發現根本不在乎這件事的時候，不但不會記在心上，也沒必要說出來。真的不想放棄才會感到痛苦，所以期待著放棄之後說不定會出現什麼改變，因此才會說出「放棄」二字。

人實在很愛說反話！這種感覺，我真的十分清楚。但是，既然還想讓這些事情實現，或許直說「我不想放棄」還比較直接了當。

不要對自己說謊真的很重要。只要坦率開心地下定決心，未來情況一定會有所轉變，大可放心。

別再提「放棄」二字了，不妨想像一下，**「現在想要實現的事情，未來肯定實現的話會如何？」**

既然願望一定會實現，就要照下述這樣去做。

● **絕對不要開口說放棄**（因為會實現）
● **還會出現其他想做的事情**（因為會實現）
● **什麼事都不必擔心**（因為會實現）

如此你便能放心將注意力放在其他事情上，專注於享受當下。實現願望的時候最適合去思考的一個問題，就是「想實現的事情未來一定會實現，所以不知道現在該做什麼？」

以戀愛來舉例，當你喜歡上一個人，感覺對方就是命中注定的那個人時，會像下述這樣：

①不斷祈願，「求求老天讓對方喜歡上我」↓**執著**

②明白表示，「如果不喜歡我，我就放棄」↓**說謊**

③下定決心，「我很喜歡他。如果真的和他有緣，未來會順利交往，所以現在就好好享受當下做得到的事」↓**放下執著**

坦率地放下執著，運勢就會變得不一樣。

事情不順利的時候，大部分都是處於①或②的時候，不管在哪一種狀態下都會令人很痛苦。只要能夠察覺到這一點，就能擺脫困境！

完全接納自己的真實想法，並以這些心願都會實現為前提，好好想想「現在能夠做什麼？」每一天都要提醒自己「願望都會實現所以不用放在心上」，肯定會有無限可能。

不想放棄的事情就不要放棄。不要對自己說謊。

只要謹守這一點，相信順心如意的事情會多不勝數。

WEEK ✦ 4

實現願望
擁有幸福！

DAY 22 接受幸福

「好像會發生什麼好事」、「今天似乎會是個好日子」。
當你試著用這樣的心情過日子，遇到覺得「好幸運♪」的機率將大大提升。
「怎麼都沒什麼好事發生……」、「看來今天會是個難過的一天」。
當你試著用這種想法度日，遇到不走運的機率恐怕會大舉攀升。

我用自己做過各式各樣的實驗，逾二十年的實驗結果發現，**「人生就是場有趣的遊戲，而且是能自由編排獨一無二的故事」**。

DAY 22

我在和顧客諮詢的過程中，察覺到一件事，就算在立定願望或是吸引願望實現這方面做得再好，似乎很多人還是做不到最關鍵的一點，就是「接受事實」。

「希望吸引到理想中的對象與他相遇！」H小姐不時念叨著，後來去上外語補習班的時候，終於遇見了讓她怦然心動的理想對象。

對方似乎也有注意到H小姐，後來不但很常有機會一起外出吃飯，漸漸地感情愈來愈好。過不久，兩人便開始交往了。

「恭喜、恭喜！真是太好了！」原本想向她道賀，但是H小姐看起來卻不是很開心。

「為什麼不開心呢？妳在擔心什麼嗎？」

「我很喜歡他，真心覺得能遇到這麼棒的人實在很幸福。可是，我不知道這麼幸福的事情發生在自己身上，究竟是好是壞？對方實在太完美了，所以我一直很擔心這會不會是我人生的陷阱，讓我覺得好累。」

明明真的很幸福，為什麼會陷入不安……。

我也經歷過這種情形，所以很了解她的心情，落入「好事發生之後，接下來是不是會有壞事發生」這樣的迷思之後，有時就會對現實產生懷疑，覺得「這麼簡單就能實現願望，實在不合理」。

這並不是當事人負面思考的關係，而是不習慣接受事實，所以感到驚訝罷了。如果不了解這只是因為驚訝的關係，而被自己內心不安打敗，好不容易將好事吸引到身邊來了，卻很有可能會「拒絕接受事實」。

明明願望真的已經實現了，卻無法做好準備接受事實，完全忽視「當作沒看見」、「當作沒事發生」的人，似乎大有人在。

這樣可真的是……太可惜了!!

幸福會在某一天，突然從天而降。

也許是今天，也許是明天。總之會在毫無前兆之下來到。

如果有感覺心動或是開心的事情，希望你姑且先接受看看。接受之後，感覺「還是怪怪的」，這時候再退貨就行了。

DAY 22

不管怎樣都不要錯過，要完全視為己有。

本文開頭有提過，當你用「好像會發生什麼好事」的心情過日子，就會有好事發生，這是因為面對突如其來的幸福，心裡能夠做好準備的關係。「就是因為我老早就知道會這樣，所以才有好事降臨！」心裡能夠這麼想，就能順利接受幸福。

很懂得接受幸福的人，並不是因為這方面能力很強的關係，只是很習慣接受幸福而已。

未來，你一定會吸引到難得的幸運來到身邊。從現在開始，好好習慣成自然吧！接受很多很多的幸運也沒關係？好運不會突然消失嗎？完全不需要有這方面的疑慮。好運並不會用完就消失，也不會有用完的那一天。

好運只會愈用愈多！

今日的課程

◆讓自己善於接受幸福的三步驟！◆

❶「似乎會有什麼好事發生♪」像這樣出聲叨念三次左右

❷試著在自己心中收集許多感覺「好幸運！」的事情

❸在每一天的最後一刻，誇獎一下自己今天同樣能夠好好地接受幸運

重複這三步驟，將使你更有自信，有助你培養出堅強意志，當你吸引到莫大的幸運來到身邊時，也能夠大方接受。

今日的
貼心小語

✦

生活中俯拾即是的每個小確幸，
希望你都能接收到。
請你仔細找出來。請你開心地接受。
無論你接受了多少幸運，
幸運還是會無止盡地來到你身邊，
請你大可放心☆

DAY 23 向天祈禱「給我暗號！」

我們這輩子，一直在做許許多多的選擇。

升學、就職、轉職、居住場所、交往對象……也包含了很多會大大改變人生的抉擇。

在這當中，說不定有些選擇會讓你感到懊惱，心想「早知道就做不同的選擇」、「要是做其他選擇，不知道現在的人生會如何」。

「人會將自己放棄的選擇，想像得十分美好。」

這種情形似乎司空見慣。想必不管做了什麼選擇，都會將放棄的選擇加以美化。

正因為如此，現在不如用堅定的態度，認定過去所選擇的一切，**「都是最好的選擇」**、

DAY 23

「自己完全沒有做錯」。

我們的人生旅程才走到一半，所以你認定「做得很好！」的事情，未來肯定會為你把「做得很好！」的事情吸引到身邊來。

那麼接下來，就是未來的事了。

當你會毫不猶豫，出現「絕對只能這麼做！」的想法時是好事，但是當你的意志不如這般堅定時，有時肯定會因為有好幾個選項而舉棋不定。或者，明明只有一個選項，接下來只須做出決定，有時卻還是會躊躇不決。

一定得下決定，卻又很難做出決定的時候。我最怕遇到這種左右為難的局面，心浮氣躁的這段時間，要是再碰上其他瑣事或煩惱，就會愈來愈手足無措。遇到這種時候，如果在心煩意亂的狀態下做決定，未來恐怕還是會迷惑不解，「不知道這樣做究竟好不好」。因此，我自己立下了一個原則。有了這個原則之後，令我動搖困惑的事情變少了，面對選擇或決斷，也能比從前更加信任自己，相信「這就是最好的決定」。

DAY 23

「必須做某些選擇或決斷時，如果內心感到猶豫，不要勉強進行下一步，等收到暗號再決定！」

這就是我的個人原則。

「可是，要如何得知這個暗號呢？」

「要是錯過暗號，該怎麼辦……？」

沒問題的！不用這麼擔心。你只要事先決定好，「耳聞目睹到這些事物之後，就是給自己的暗號」，當暗號一出現，你就會立刻明白。

我的朋友K，和她喜歡的人出去約會過幾次之後，發生了一件令她心生猶豫的事。這天她們度過了非常愉快的約會時光，然後在回家路上，對方跟她說：「我希望能和妳以結婚為前提開始交往。」如果只考慮到當時的心情，當然會答應對方。她已經等這句話等很久了，而且對兩人的現況感到很幸福。

但是，有件事卻讓K有些退縮。就是對方的工作地點會不斷調動這件事。

DAY 23

K才剛剛實現願望換了新工作，她正決定要全力投入工作好好打拼一段時間，現在卻遇到這種事。要是日後結婚，說不定無法繼續待在這個地方……。老實告訴對方她不安的想法之後，對方笑著回說：「妳可以慢慢考慮沒關係。」約會到一半，對方因為急事離席，K便趁此空檔打電話給我，跟我說了方才發生的事，還向我吐露她的想法：「我真的很喜歡他，可是也想繼續現在的工作。」

於是我向不知如何是好的她提議：「當妳必須做某些選擇或決斷時，如果內心感到猶豫，不要勉強進行下一步，等收到暗號後再決定！」

「現在我的確沒辦法做決定，而且繼續煩惱下去看來只會陷入恐慌，不知道怎麼回答才好……。既然如此，現在不如好好享受當下，我要相信未來一定可以收到某些暗號！不過我有點遲鈍，希望這個暗號很容易看出來就好了。」

說完後K便掛斷電話，但是聽說沒多久她就收到了暗號。

事情就發生在當天晚上。她說約會結束後，就在對方開車送自己回家的路上，突然從某處發出巨響，偶然往窗外一看，夜空中正綻放著巨大煙花。

「奇怪？今天有施放煙火的活動嗎？」

DAY 23

K和他面面相覷，感到十分驚訝！

那漫天煙花實在太過美麗，兩人把車子停下來後，一時片刻看得出神……。

接下來就在隔週，K和他去美術館，在回家路上發生了一件事。

天空突然暗了下來，落下了大顆雨珠。原本在公園散步的兩人，據說跑進附近有屋頂的休息處躲雨。K一面用手帕擦拭淋濕的包包，一面想說「今天的天氣預報明明說不會下雨的……」，結果他突然說：「妳看！！」K猛然抬頭一看，天空上竟然出現了前所未見，**又大又美的彩虹**。

「我向老天祈禱『給我暗號！』時，不是曾經希望這個暗號很容易看出來就好了嗎？看到那個煙花和彩虹的時候，我馬上就明白了。能和他接連欣賞到那般美麗的景色，或許就是答案。因為我會想要和他一起欣賞更多更美麗的風景，所以我已經決定答應他了。」

日後，K的男朋友調到不同的地方工作，暫時和她維持遠距離戀愛，不過K說：「我覺得我們差不多可以一起生活了，結果又接收到很有趣的暗號！因此我們毫不猶豫決定成行！心裡好期待！」於是便啟程出國旅行去了。

想破頭還是理不清頭緒的時候，暫時停止思考，放輕鬆接收暗號吧。這個暗號，一定會引導你通往對的方向。

今日的課程

◆做好準備接收暗號吧！◆

❶ **首先要捫心自問：「有什麼事讓自己心浮氣躁嗎？」**。知道是哪些事，馬上進行❷❸步驟。想不到是哪些事，先設定好❷的暗號即可。

❷ **試著設定個人的「暗號」**。什麼暗號都行，建議用比較容易看出來的暗號，像是「數字」、「喜歡的顏色」、「文字（起首字母）」或是「符號」等等。順便和大家分享一下，我通常會用「紫色」與「音符符號」作為暗號。

❸ **為這個「暗號」設定期限**。在期限內沒有接收到暗號的事情，或許要再耐心地多等待一些時間，眼前不如繼續觀望。

今日的
貼心小語

設定好個人專屬的暗號之後，
接下來的日子就會變得很輕鬆。
盡情期待暗號會用何種方式降臨吧！

DAY 24

善用「鏡子法則」讓人際關係變圓滑

我想很多人都聽說過「鏡子法則」。

俗話說在人際關係上，對方就是反射自己的一面鏡子。這面鏡子的道理很簡單，但是理解角度稍有不同的話，恐怕會讓人心裡不舒服，好像自己被人指責一樣，以為「對方很差勁，代表自己也很差勁」，所以我要先提醒大家，「並沒有這回事！」

關於鏡子法則，我要用我一群朋友的故事來為大家做介紹。

很久以前，我們有四個感情很要好的朋友，每次一有空就會聚在一起。

A和B總是在煩惱戀愛的事情。C有工作上的煩惱，但在戀愛方面一口咬定說自己「沒什麼好煩惱的」，我在當時則是天天過得很悠哉，所以不記得有什麼印象深刻的煩惱。

只要一聚在某人家裡，就會各自分享自己的近況，急著向大家訴說心煩意亂的事、吐吐苦水。那時候日子過得熱鬧又開心，不過幾個月過後，我發現……我們老是在談論相同的問題，這類毫無進展的話題似乎不太對勁。

畢竟還是很希望事情能有改善，日子可以過得更快樂！

我希望往後的日子，大家的願望都能實現，於是切換話題，「要大家從現在開始聊些有發展性的事情」，大家便各自分享了目前的處境與心裡話。

A一直在單戀公司同事，總是眼裡充滿愛心語帶興奮地說：「他真的是個很棒的人！」但是這個他對A的態度卻是愛理不理，似乎對談戀愛根本不感興趣……這就是A目前在煩惱的問題。

B有個交往三年的男朋友，兩人之間看起來很順利，可是對方敷衍了事的態度，還有會撒點小謊的行為，卻讓B看不見未來，令她覺得很焦急。

我和C站在客觀的角度聽她們聊著心事，但是有一次，卻對A和B所說的一句話感到無法理解。因為我發現一而再，再而三聽到了「我明明這麼喜歡他」這句話。

當時我正好開始深入理解到「吸引力法則」，以及「所思所想化為現實」這番道理，所以突然恍然大悟，不過不了解這番道理的C，似乎也察覺到完全相同的事情。然後C這樣跟大家說。

「妳們不覺得，妳們兩個人說不定都不怎麼喜歡對方吧？」

接下來，A和B當然嚴詞反駁：「才沒那回事！我很喜歡他！非常愛他！」這時候試著去套用鏡子法則，會發現很有趣的事。

假如現在有自己和對方兩個人，而對方就是自己的一面鏡子，當「對方不喜歡自己、對方不珍惜自己」，究竟意味著什麼呢？

「我不夠好，所以對方才不喜歡我！」、「所以我要努力讓自己更好！」也許有的人會有這樣的想法。

但是，事實並非如此，「對方會對自己做出『NO！』的反應、態度冷淡、不好好珍惜」，說不定正代表，「其實自己內心也可能真的想向對方說『NO！』」。

DAY 24

對方的態度及反應，其實可能就是自己對對方的態度及反應。表面上看起來，就算一直以為自己「很喜歡、很喜歡、很喜歡」，但在內心深處，說不定一直在拒絕，心想「並不是這樣，我根本不喜歡」。

這種情形如果沒有好好內省很難真正理解，卻是非常重要的一環。

我自己過去，也發生過很多毫無自覺的衝動舉動。發生在自己身上的事，最悲慘的就是當局者迷，根本無法察覺。感到痛苦的時候，建議大家盡量從別的角度，客觀審視看看。

「我明明這麼喜歡他」，當你身陷這種想法而痛苦難耐時，試著套用「說不定我也不怎麼喜歡他」，用這種完全不同的想法來思考看看。這樣一來，對於彼此的關係就會出現新的見解，發現「也許彼此都不喜歡對方了」。

真的有緣分的話，這時候再調整腳步，有時兩人的關係，又會從「彼此都不喜歡對方」的程度開始有所進展。否則兩個人沒共識、認知不同，實在很難有進一步好的發展。

如此看來，並不會發生「我明明這麼喜歡他，對方卻不明白我的心意」、「明明我這麼喜歡他，對方卻說討厭我」這樣的事情。只要明白這點，不覺得在愛情或是人際關係這方面，就不會再像過去那樣煩惱了嗎？

A和B都意識到這點之後，似乎漸漸地出現了一些變化。

A說：「大概是我一直過於美化他了。說不定我喜歡的，是自己很愛他的感覺。」後來，A在轉調後的部門新認識一個很好的對象，還和那個人步入禮堂了。

B說：「我們也交往三年了，還花了不少的時間和金錢，就這樣分手實在很可惜，也許才會一直意氣用心……。但是仔細想想，我覺得不願意珍惜我的人，坦白說我也不愛了。」於是B和她的男朋友分手之後，暫時一心埋首於工作之中。後來，在隔年的同學會上，B與國中時期的同學一重逢便閃電結婚了。

有問題就一定有解決方式。而且，無論答案或是解決方式，都能從自己心中找到。只要明白這點，起初雖然會有些不想承認自己就能找到答案，但是逐漸接受事實之後，就會開始看見完全不一樣的世界，自己會變得非常快樂喔。人際關係的鏡子法則，並不是用來折磨自己的。

「說不定自己其實也有這種想法。」

當你能擁有這樣的見解，很多事情根本也不需要煩惱了。

「原來，人生會如我所願♪」

今日的課程

◆將珍惜的人當作「鏡子」檢視看看！◆

- **如果有一個人你很在意，試著想一想這個人的事情。**假使兩人之間會受到鏡子法則所影響，你會明白以及察覺到什麼事呢？
- **你打從心底想愛對方、想對他好的人是誰呢？**反之，你不想再繼續耗費自己時間精力的人是誰呢？只要徹底釐清這點之後，就能妥善運用鏡子法則。
- **對於真正想要珍惜的人，如果要你「先將自己想要的東西給對方」，你現在能夠做到什麼事？這件事馬上就能做到的話，立即付諸行動。**對方幸福的模樣會出現在鏡子裡，你也會變得很幸福。能和對方建立起這樣的關係，代表他就是你這輩子命中注定的那個人。

今日的
貼心小語

「鏡子啊鏡子……。」
大家各自都擁有一面鏡子。
照鏡子的時候，
出現在鏡子裡的就是你的「眞實想法」。
珍視「眞實想法」，
許多事情都能獲得解決。

DAY 25

利用最強咒語覆蓋不安情緒

我們都是活生生的人類，所以很難一直維持相同的情緒，不但會有喜悅及感動，也會出現不安、憤怒及恐懼。我認為這是很自然的現象。

千萬不能不安、千萬不能焦慮、必須這麼做才行、不行這樣、也不可以那樣……。像這樣限制愈多，往往會陷入自責的情境之中，怪自己「情緒不安事情才會不順利」、「居然連這種事也做不好」。

應該最為珍惜的自己，居然會自己責怪自己，實在很悲哀。

就像本書一直在教大家的吸引力法則一樣，「你關注的事情都會被你吸引過來」，不過我發現不少人卻受限於這個觀念，竟害怕「不安會引來不安」。

當然，每天都能心情很好是最理想的狀態，只是大家都會有不安或擔心的事情，並非所有的不安或擔心都不是好事。只要稍微多下一點工夫，就能避免你所設定的願望以及吸引到的事情，會是不安、擔心、憤怒、焦慮這些你不希望的事情。

今天就要請你學會某些「咒語」。

我將這些咒語，稱之為**「覆蓋不安情緒的最強咒語」**，只要記住這些咒語，不僅能讓你輕鬆擺脫不安及負面思考，甚至能讓你在設定願望時切換成正面思考，所以非常值得。這句咒語，就是下述這幾個字。

「難道，你希望變成這樣嗎？」

感到不安的時，請將這句話用在自己身上吧！

舉例來說，你可以像下述這樣運用這句話。

● **【對愛情感到不安】**

「他怎麼都不打電話來……該不會是不喜歡我了嗎？」

「難道，妳希望變成這樣嗎？」

「不是的，我不希望他不喜歡我！」

「這樣的話，妳希望怎麼做呢？」

「我希望感情變好。」

「既然如此，妳最好相信自己和對方，從現在開始感情都會一直很好♪」

●【對金錢感到不安】

「唉，麻煩大了！說不定這個月付不出錢來了。」

「難道，你希望變成這樣嗎？」

「我才不想呢！」

「這樣的話，你希望怎麼做呢？」

「我希望不用擔心錢的事，日子可以過得很安心。」

「既然如此，你最好將注意力放在平安度過今天這件事上，不要過度擔心還沒有發生的事，想想未來能夠輕鬆把錢付清就好♪」

●【對工作感到不安】

「雖然想從事喜歡的工作，讓大家開心，可是說不定會失敗。」

「難道，你希望變成這樣嗎？」

「我想成功！我想變快樂！」

「既然如此，你最好別在一開始就擔心可能會失敗，不如想一想成功會有多快樂，或是怎麼做才能提供更好的服務♪」

就像這種感覺。

我們多少都會說反話，明明真的不想變成那樣，有時候卻因為不安，於是脫口而出「說不定會變成那樣」。

但是，運用「難道，你希望變成這樣嗎？」這句咒語，就算會不安也沒關係，所以我很喜歡預想未來的事之後，再自己用咒語覆蓋不安情緒。你要不要也來試看看呢？

怎麼辦、怎麼辦……一直感到不安的時候，眼界會變得非常狹隘，只看得見「現在」與「眼前的事情」，所以在窄小的世界裡才會過度胡思亂想。

可是，當你可以預見到未來，心情大多會平靜下來，即便現在仍想不透，但是到

DAY 25

時再傷腦筋就好了，於是你會愈來愈輕鬆愉快。

不安與希望是一體兩面。所以有不安也就會出現希望。

不希望變成那樣……當你出現那種恐懼或不安的時候，不妨當作這是個能夠確認自己真實想法的機會，捫心自問：「這樣的話，你希望怎麼做呢？你希望變成怎樣？」如此一來，這時候你就會清楚知道自己其實心存「希望」及「願望」。

「我不要變成這樣！！」倘若會讓你不安到像這樣驚聲尖叫，建議你徹底冷靜下來，好好問問自己：「難道，你希望變成這樣嗎？」

你肯定會冒出一個很想大暴走的分身，狂聲怒吼：「不要、不要，我不要這樣！！」所以這時候就會套出你的真心話，明白自己「究竟想怎樣」、「希望怎麼做」。

如此一來，將發生不可思議的事！明明一直到方才都還受限於負面思考當中，瞬間竟然能用樂觀心態設定未來。

我已經有好幾次遇到負面思考時，都會運用這句稍微往壞處想的咒語：「難道，你希望變成這樣嗎？」

自己的人生，可以靠自己的決定去改變！

感到不安不再是件可怕的事。因為你很清楚，未來充滿著希望。

今日的課程

◆試著運用最強的咒語！◆

❶ 告訴自己「即便會不安，今後有最強咒語就萬事沒問題！」已經不需要再擔心什麼了

❷ 如果現在有什麼事情讓你很在意，或是「不希望變成這樣」，想想看這是什麼事

❸ 想到是哪件事後，試著問問自己：「難道，你希望變成這樣嗎？」如果身邊沒有任何人在，試著實際說出來看看（例如：這次考試要是沒考過該怎麼辦……「難道，你希望變成這樣嗎？」）

❹ 針對❸的答案，用口語清楚表達出來（例如：我不希望變成這樣！我希望考試會考過！會合格！）

對方幸福的模樣會出現在鏡子裡，你也會變得很幸福。能和對方建立起這樣的關係，代表他就是你這輩子命中注定的那個人。

今日的
貼心小語

✦

「難道，你希望變成這樣嗎？」
這句咒語，會永遠守護著你。
感覺負面思考占據整個思緒時，
今天你學會的這句可靠咒語，
將助你一臂之力☆

DAY 26

編造積極正面的臨終筆記

你對於「終活」或是「臨終筆記」這些名詞，會聯想到什麼呢？

不祥、不吉利、年紀還不到談論這個……似乎有很多人都有這樣的想法。我自己以前也是這麼想。上書店看到臨終筆記時，甚至還會突然閃過「寫了臨終筆記之後不就死期將近了嗎？不會吸引死神降臨嗎？」這種念頭。

但是，**人生的最後一刻，任何人一定都會遇到**。人不會長生不老，我認為思考**「如何結束人生」**這個問題，與「如何活下去」同等重要。

我第一次寫臨終筆記，是約莫三年前的事，若要說事後出現了哪些變化，我覺得是心情變得輕鬆許多。

明白自己真正想要珍惜的事，以及和他人來往的方式改變後，最終都會有助於讓自己變快樂。

當自己要臨終時，只要像下述這樣，想像並決定好人生的最後一刻，遺憾便會不斷減少。

- 希望誰來送你一程？
- 想要留下來或想送人的東西是什麼？
- 希望別人整理或處理掉的東西是什麼？
- 期盼用怎樣的場面送自己離開？（例如用花裝飾、播放背景音樂等等）
- 想要告訴最重要的人哪些話？

與此同時，卻萬萬沒想到這些無形的事情會令人備感「糾結」，而且很清楚這些事情會讓自己一直悶悶不樂。

DAY 26

當這些事情決定好了之後，你會很驚訝地發現，肩上的擔子似乎減輕許多……但是試著換個角度來看，也會發現一件事，這輩子到現在是如何承擔著許多人、事、物，對此執著不已……。

離開這個世界的時候什麼都帶不走，但是為什麼卻如此千頭萬緒呢？為什麼人情世故如此繁雜呢？

湧現這些疑問的時候，你心裡會充斥「從今以後，我只想珍惜想要珍惜的事物！」這種想法，感覺就像展開了全新的人生，毫不誇張。

思考過臨終的那一刻，人生將從此開始發光發熱！

這是一個很有趣的發現。而且，我將這個有趣的發現告訴身邊的人之後，陸陸續續有愈來愈多人著手編造臨終筆記，開始向其他人交代：「我的身後事全都寫在這筆記上了，一切麻煩你了！」

DAY 26

「我覺得自己一直在逃避面對這種事情。但是我很清楚，這一天絕對會到來。既然如此，心中的遺憾當然是愈少愈好。決定好我自己理想中的臨終方式之後，感覺就像遲遲不願開工的暑假作業終於寫完了一樣，現在心情無比暢快！接下來只需要放心期待，完全鬆了一口氣！」

分享這段話給我聽的S小姐，現在正卯足全力在做斷捨離。過去她在做斷捨離時半途而廢過好幾次，一想到「自己不在的時候，這些東西誰要來處理」，就能毫不猶豫地完成斷捨離了。

暫時收藏起來的衣服、鞋子、包包，還有不明所以一直擺著的紀念品，在自己離世之後，家人看到這些，說不定會以為這些東西也許很珍貴，煩惱著不知道該不該處理掉。

「那些都不要了！不用想太多全部處理掉吧！」

即便你像這樣從天上大聲呼喊，還是無法讓他們知道，只能乾著急……。一想到這種情形，就會覺得不如趁現在自己動手整理掉。

DAY 26

我也曾經將「總有一天也許穿得到」，卻一直被塞在衣櫥深處的大量衣服一口氣處理掉。因為在自己臨終的時候，要是家人開會討論「最後要讓我穿什麼衣服」，結果大家以為「我一直很珍惜這件洋裝，也許很喜歡這件」，於是讓我穿上尺寸不合全身繃緊緊的衣服，應該會感覺很不自在，這樣就糟了（笑）。

像這樣整理過後留下來的東西，便只會剩下「想要好好珍惜、希望陪自己一輩子」的東西了！

對人也是一樣，重新想想人生所剩無幾的時間，明白誰才是真正想要珍惜的人之後，就會清楚自己心中的優先順序。

我最重視家人，所以不管發生什麼事，都會以家人和自己的幸福為最優先。除此之外的事情，等到有時間再去考慮就好……最後你就能像這樣突然改變心態，往好的方面去想了。

我們人生，接下來才正是精采的時候喔♪

DAY 26

今日的課程

◆遍造臨終筆記！◆

- **準備一本「正面思考的臨終筆記」，讓你的人生發光發熱**

市售的臨終筆記也行，甚至利用自己喜歡的筆記本或日誌手帳的空白頁面也無妨。這個筆記，會讓未來的你變得更加幸福。

- **將自己離世時，想見的人、希望聯絡的人的名字，寫在準備好的臨終筆記上**

寫在臨終筆記裡的人，對你而言就是「真正想要珍惜的人」。即便你認識一百個朋友，說不定最後想要通知的人不過區區幾個。只有少少的幾個人也沒關係。畢竟無法平等去愛所有的人，所以請你放棄這麼做。從今以後，要繼續珍惜你想要珍惜的人，更甚以往。

● 將自己離世時想要留下的東西，寫在臨終筆記上

舉凡最有個人風格的東西、想要一直珍惜的東西、想作為遺物送人的東西等等，全部都要寫下來。令人意外的是，這部分說不定同樣為數不多。除此以外的東西，便慢慢地放手吧。

● 其他還想告訴活著的人什麼事情、希望他們知道的事情、心願等等，都可以自由寫下來

這本臨終筆記，隨時都能自由更新。想要變更內容，或是想多加幾個字的時候，都可以不斷改寫成最新的設定。

今日的
貼心小語

✦

決定人生的最後一刻，
絕非負面思考，也不是不吉利的事。
事情決定好了之後會讓人產生安心感，
接著又會吸引讓人安心的事情到來。
你的臨終筆記，
就像是讓往後人生更加快樂的「保證書」。
有了這個便能盡情享受人生。
可以好好放心了☆

DAY 27 懂得迴避最壞局面

回顧這幾天的時候，你曾經「長吁短嘆」感到失望過嗎？你曾經遇到很想大叫「為什麼會這樣？」的事情嗎？

我有過！一直引頸翹望的音樂會停辦了；計畫理應天衣無縫的旅行延期了；在重要的預定行程前一天，閃到的腰舊疾復發，預定行程整個化為烏有。

雖然是無可奈何之事，但是歸根究柢就是不走運……。像這種事情，只要活在這世上，難免會遭遇好幾次。

即便試著去安慰自己，預定行程就是未定行程，但是之前有多期待，事後一定有多失望，有時甚至會讓人好想亂發脾氣。雖說如此，倘若用這種「不走運」的心情過日子，又會很容易吸引到「不走運」的突發事件來到身邊。每個人都不希望遇到雪上加霜的情形，所以無論如何都必須改變心情與運勢。

這時候有一個方法，我十分想推薦給大家。

「不走運」的時候，想想更慘的事情！

這個方法有點胡來，不過比起沮喪流眼淚，或是心浮氣躁過日子，絕對會帶來好的結果，所以今天就讓我將這個方法分享給大家。

以前我曾經發生過這種事。那一天，我和久違的朋友一起去主題公園玩。我們好不容易能夠同時安排在同一天休假，對我們來說，應該算是心願達成的 一天。

心想差不多該出門的時候，接到了朋友打來的電話。

DAY 27

「對不起，我一直找，還是找不到家裡的鑰匙！我記得應該有備份鑰匙才對……。」

她一個人住，所以沒人有她家的鑰匙。但又不能不上鎖就出門，所以決定先冷靜下來找鑰匙再說。

「要是趕不上新幹線的時間，我該怎麼辦……。」

「放心吧！我們兩個人的車票都在我這裡，趕不上的時候我還能去更改時間。總之我先到車站去了。」

過了大約一小時之後，「我找到鑰匙了！我現在馬上過去車站喔！」她打電話來通知，於是我將新幹線的時間延後，興奮地等著她趕過來。

到目前為止，都是在描述發生了一些突發狀況，變更預定行程的事。

但是，就在我們「重振心情準備出發」的時候，新幹線停駛了。聽說發生了非常嚴重的事件，不知道接下來何時才能重新發車。即便等了很久，情況還是沒有改變，隨著時間的消逝，我們的心情也愈來愈低落。

DAY 27

「要是有搭上預定的那班新幹線，現在這時候應該已經到了吧？真的很對不起。」

她眼眶泛淚，「沒事的。這次也會變成很有趣的回憶！」我竭盡全力要逗她開心。

結果時間拖到很晚，當下趕過去也沒什麼時間玩了，於是我們放棄前往主題公園，沒精打采地決定打道回府。

這時候的氣氛十分沈重，我發現再這樣下去不行……因此我當下說了這樣的話。

「話說，今天要是照預定時間前往的話，說不定我已經死了！」

「妳在說什麼？才不會那樣！」

「我是說真的，我絕對已經死了！說不定鋼筋會從大樓上掉下來，也許會被大虎頭蜂叮。」

「才不會這樣！」

她目瞪口呆地小聲笑了出來。

「不過，一想到可能會變成那樣，不覺得幸好沒去成嗎？」

「什麼？妳的意思是說現在這樣比較好？」

「沒錯！雖然我不知道是怎麼回事，不過要是有不可思議的力量在守護著我們，讓我們能夠迴避最壞的可能性，這樣不是很棒嗎？」

DAY 27

「也是……這麼想的話，我的罪惡感的確會減輕許多。」

「妳不需要有罪惡感啦！正因為如此，我現在才會還活跳跳的！」

不可思議的是，當我們試著這麼想之後，漸漸地滿腦子只剩下這樣的想法了。

「既然如此，以結論來說這一天還不差呢！」說完這句話，我們還去吃了絕頂美食才回家。

覺得整件事「差強人意」，未來就會差強人意。

無論什麼時候，我們愛怎麼想就怎麼想。

唯獨思考，不會受限於任何東西，也不會被任何人限制。既然可以恣意想像，當然要選擇能夠快樂一點的思考方式。不管是對自己還是對別人來說，都會希望心情愉快會心一笑的事情占據整個思緒。

今日的課程

◆將最慘的事情當作最好的意外！◆

●【回想的作業】

在你心中有如鯁在喉，讓你覺得「那件事真是遺憾……」、「當時真是不走運」的事情嗎？若有突然想起來會覺得憋悶的事，包含這些事情在內，請你在紙上寫下來。不必寫得很詳細，用條列式的方式寫出來就行了。

●【肯定的作業】

將回想的作業寫完之後，請在空白處仿照老師拿紅筆批改的模樣，寫下「其實當時已經迴避掉最壞局面」、「那樣做才是最好的做法」、「努力撐過來了」的意見。若能再加上花型圖案最好。

●【成佛的作業】

雖然發生了很多事，但是現在能將這些事情寫下來，代表你一直受到保護。真相如何沒有人知道。相信也有很多事情還無法接受事實。即便如此，我們還是擁有未來。

過去雖然無法改變，但是改變對過去的看法之後，很多觀念就能使你立地成佛。讓你心中的疙瘩及芥蒂就地成佛，讚賞懂得迴避最壞局面的自己，好好享受現在與未來吧！

今日的
貼心小語

✦

你懷抱至今的遺憾、難過、
無從選擇的後悔、做不了決定的事情。
這些全是爲了守護你，
在在不可或缺。
你完全沒有做錯。
所以，要下定決心變得更幸福！
這也是爲了過去的你自己。

DAY 28

想想一百年後試著創造人生

「經過一百年之後，包含我在內現場的每一個人，大家都已經不在這世上了。」

我曾經在某一場演講會上，突然想起這件事，還直接脫口而出。

我們每一天，都是邁向人生終點努力生活。不但無法回到過去，也不能長生不老。只能一路往前進。

當時在我面前真的聚集了相當多的聽眾，但是一百年後在相同狀態下，就無法如願聚集到這麼多人了。對於這種情形有些感傷的同時，我還湧現出這樣的想法。

「正因為如此，更要好好珍惜活出自己！請大家盡情享受人生。已經沒有時間再去擔心失敗了該怎麼辦、會不會丟臉，老是在意他人眼光而猶豫不決了。反正大家都會離去。以我這年齡來看，不用一百年就會離開這個世界。人生看似漫長，實則短暫。在意別人的事情或是周遭的眼光，於是把自己真正想做的事情，以及希望實現的心願往後延，實在很浪費時間。**感到困惑的時候，試著去想一想一百年後的未來，你就會勇氣百倍，覺得凡事都做得到了。」**

這句話，贏得了多數人的回響。

「人生結束的瞬間，我希望心裡想著的是『能做的我都做到了』。」

「人生難得，我決定要為了自己認真活下去。」

「很遺憾看不見一百年後的世界，但是我想留下自己曾經活過的證明，於是開始創作了。」

後來大家紛紛捎來各自的心得，也讓我獲得了鼓舞。

從現在開始，為了毫無悔恨地走到人生終點，我想要好好珍惜的就是這件事。

「永不放棄率性實誠地過生活！」

DAY 28

我覺得與人來往時也是一樣，比起隱藏真正的自己扮演一個好人，倒不如直截了當做自己，這樣更容易結交有緣的人。

我有一個朋友，名叫詩音。她對我這個人很感興趣，「妳這個人，還真是有趣！！」一開始她對我就是這種感覺。

認識沒多久的時候，我曾經站在博多車站附近十字路口的正中央，大聲呼喊自己的願望：「我絕對要○○○○——！！」（笑）

因為在這之前，我時常掛在嘴邊感到振奮的幻想，一直殘留在腦海裡，後來才驚覺，自己好比洶湧思緒潰堤般放聲大叫……回頭想想，這時候的願望是超乎常識的不合情理。「正常根本不可能！」的事情，我卻非常單純地想要實現這個願望，所以才會忍不住叫出聲來。

這件事對詩音來說似乎衝擊很大，「我在妳大叫後的那一瞬間，人生觀就改變了！我下定決心，想做的事情全都要去完成！」她這麼跟我說，日後兩個人的關係便急速拉近了。

之前我就決定，會阻礙自己願望的事都不要去做，所以就算被人嘲笑「這個人有問題」，我也無所謂。

結果，現在兩個人才能笑著回憶，「當時的那件事，真的實現了呢！」所以我覺得，幸好當初沒有放棄。

如今，我才能像這樣放膽去飛，不過從前的我完全不是這樣。以前既期待又怕受傷害的事情令我充滿恐懼，所以對於自己的願望，總是「不看、不聽、不說」，處處設限。回想起如同泡影般消失（我自己弄破的）的願望，不知道已經錯過幾回，也讓人心中無限後悔。

但是，假如連這些事情都會對現今產生影響，我覺得一切都不會白費了。雖然人生有終點，但是無論在何時，「當下這個瞬間」都是嶄新的一刻。當你察覺到這一點，你就能夠擁有前所未見且截然不同的運勢。這就是有趣的地方。

絕對不要向自己的內心說謊。
不要算計好再行動、不要投機取巧、
不要考驗別人、不要費盡心機。

DAY 28

唯獨這點，是到死都要嚴守的個人「原則」。

了解所思所想會化為現實以及吸引力法則之後，再經過多方嘗試，直到最後你必須要做的，就是**「不要向自己的內心說謊」**這件事。

有些人會排斥去追求過於遠大的夢想，但是既然自己一直很渴望，最好坦率承認吧。也許不會實現的願望，心裡還是很想實現，就不要欺騙自己沒有這種想法，無須掩飾，試著放膽相信自己吧。只要這樣做，奇跡就會出現。

不要過度害怕還沒有發生的事情，僅此一次的人生能夠出現真心想要追求的事情，這樣也不是壞事喔！像這樣坦率承認自己的想法，單純地樂在其中，我相信未來將會是一片康莊大道。

在一百年後的世界，無論你還是你周遭的人，也包含我在內，大家都已經不在了。如果這麼想，不覺得什麼事都做得到了嗎？

真正想要實現的願望，還是該努力實現。

今日的課程

◆想想一百年後的未來！◆

●試著恣意想像一下一百年後的世界

到時我們都不在了，相信未來的人們已經建立起新的世界。現在我們存在的二十一世紀已經成為過去，留下歷史上的一頁。

●你覺得，「死之前一定要實現的願望」是什麼願望呢？

也許在這之前要你承認這個願望會感到有些害怕。但是，接受事實讓願望實現的時候已經到來。你可以毫無顧忌地實現這個願望。

●將今天是幾月幾日，還有你下定決心「要實現的願望」，全部記錄下來

如果你想告訴哪個人，或許也可以試著拿出勇氣，將今後你想實現的願望告訴對方。

今日的
貼心小語

今天，是你人生展開新篇章的紀念日。
非常恭喜你！
而且，今天是課程的最後一天。
在第二十八天的今日，
你要肆意想像一百年後的未來。
會有怎樣的未來在等待著你呢？
心中充滿期待吧！
從今天起，你也要率性又真誠地生活下去。
相信在未來，你一定可以看見美好的風景。

✦ 結語

約莫三年半前，我向大家宣告「要出去找些靈感！」之後，便停下了手邊一直在做的事情。不管是寫書還是演講，甚至是站在大家面前，暫時應該都無能為力，說不定很久都做不到了……。當時我的內心一片茫然不安，於是選擇了「暫停活動」，只能停下腳步。完全就像燃燒殆盡症候群一樣，回想起一些讓自己十分難過的事情。

那個時候，很多事情都畫下句點。人際關係驟然改變，我也失去了很多。

然後，從那時候開始，發生了很多事情。我終於明白最重要的事情是什麼，還有最重要的人是誰。我能夠找回自己了。

回頭想想，就像是人生的轉捩點。

現在，我不會再凡事要求完美了。也不會在意別人的評價，更不會和他人作比較。原本我就會跟人保持比較遠的距離，現在更清楚和對方的界線。而且，我變得非常輕鬆。

做正確的事未必會幸福，不完美當中存在寶貴的事，棘手的工作也會讓人很快樂。正因為身處在這個凡事都有可能的時代，有時把命運交給時間，稍微放鬆力氣，試著坦率真誠地過生活也不賴。

「真希望什麼都不用做，就能吸引幸福來到身邊。只是不做些什麼還是會感到不安……。」

有這種想法的讀者，這次便為大家推出了這本集結珍藏課程的書，只要大家「照著做就沒問題」了。

期盼大家利用這些小技巧，培養出自信，縮小不安情緒，讓自己心平氣定，甚至吸引好事發生，好好地享受這段美妙的過程。

從我停下腳步到再次向前進的這段時間，千頭萬緒湧上心頭，發現讓自己重新歸零一次之後，會變得比過去更加強大。就連實在束手無策的事情，時間都會幫我解決一切。而且，認真活在當下之後，讓我每一天都深感「人生實在有限」。這也是我會寫下第二十六天的課程，「編造臨終筆記」的契機。

人生只有一次，因此後悔的事愈少愈好！所以今天也要想說什麼就說什麼，想寫什麼就寫什麼，想做什麼就做什麼。

本書在誕生之際，得到了許多人的幫助。

包含再次提供我創作契機與機會的編輯元木優子小姐，協助我完成經驗談的每位顧客，真的很感謝大家。

以及給我鞭策激勵的每個朋友，陪我一起旅行的閨蜜，我那活力十足歡喜快樂的家人。還有，總是關注我所有貼文的各位讀者。

非常謝謝大家！請讓我用各種形式來向大家報恩。

從今以後，我們也要一起快樂生活，欣賞美麗的景色喔！

都築真紀子

國家圖書館出版品預行編目 (CIP) 資料

我要實現願望！：怦然心動的 28 日吸引力課程 / 都築真紀子著 . -- 初版 . --
新北市：幸福文化出版社，遠足文化事業股份有限公司，2021.10
面； 公分 . -- (富能量；23)
ISBN 978-986-5536-85-5(平裝)
1. 自我實現 2. 生活指導 3. 成功法

177.2 110011998

我要實現願望！

怦然心動的 **28** 日吸引力課程

作　　者：都築真紀子
譯　　者：蔡麗蓉
責任編輯：梁淑玲
封面設計：Bianco_Tsai
內頁排版：王氏研創藝術有限公司

總 編 輯：林麗文
副 總 編：梁淑玲、黃佳燕
主　　編：高佩琳
行銷企劃：林彥伶、朱妍靜
印　　務：江域平、李孟儒

社　　長：郭重興
發行人兼出版總監：曾大福
出　　版：幸福文化／遠足文化事業股份有限公司
地　　址：231 新北市新店區民權路 108-2 號 9 樓
網　　址：https://www.facebook.com/happinessbookrep/
電　　話：(02) 2218-1417
傳　　真：(02) 2218-8057

發　　行：遠足文化事業股份有限公司
地　　址：231 新北市新店區民權路 108-2 號 9 樓
電　　話：(02) 2218-1417
傳　　真：(02) 2218-1142
電　　郵：service@bookrep.com.tw
郵撥帳號：19504465
客服電話：0800-221-029
網　　址：www.bookrep.com.tw

法律顧問：華洋法律事務所 蘇文生律師
印　　刷：通南彩色印刷公司

初版二刷：2022 年 2 月
定　　價：360